WIE MAN EINE GRAPHIC NOVEL ZEICHNET

DER AUTOR MÖCHTE SICH BEI MARCO FICARRA FÜR SEINE WERTVOLLEN ANREGUNGEN UND TECHNISCHEN INFORMATIONEN BEDANKEN.

Balthazar Pagani ist der Gründer von WeAreBeside mit Sitz in Mailand. Er produzierte für den Verlag Laurence King die *Graphic Lives*-Reihe, darunter die Graphic Novels *Basquiat* und *Kusama*, und vor Kurzem *His Name Is Banksy*.

Marco Maraggi ist ein in Udine, Italien, ansässiger Cartoonist und der Zeichner von *His Name Is Banksy*.

Otto Gabos ist ein etablierter Cartoonist, Illustrator und Autor, der an der Akademie der Schönen Künste in Bologna, Italien, den Kurs Comics und Illustration unterrichtet.

Printed and bound in China by Toppan Leefung Printing Limited
ISBN 978-3-96428-207-1
www.jacobystuart.de

MIX
Papier aus verantwortungsvollen Quellen
FSC www.fsc.org FSC® C104723

Dieses Buch ist auf Papier gedruckt, für das nur Holz aus nachhaltiger Forstwirtschaft verwendet wurde.

ILLUSTRATIONEN VON
MARCO MARAGGI

WIE MAN EINE GRAPHIC NOVEL ZEICHNET

BALTHAZAR PAGANI

MIT PROFESSIONELLEN TIPPS VON
OTTO GABOS

Verlagshaus Jacoby Stuart

INHALT

LOSLEGEN

DU HAST FERTIG GEZEICHNET, WAS NUN?

KULTZEICHNER·INNEN

INTERVIEWS MIT AUTOR·INNEN

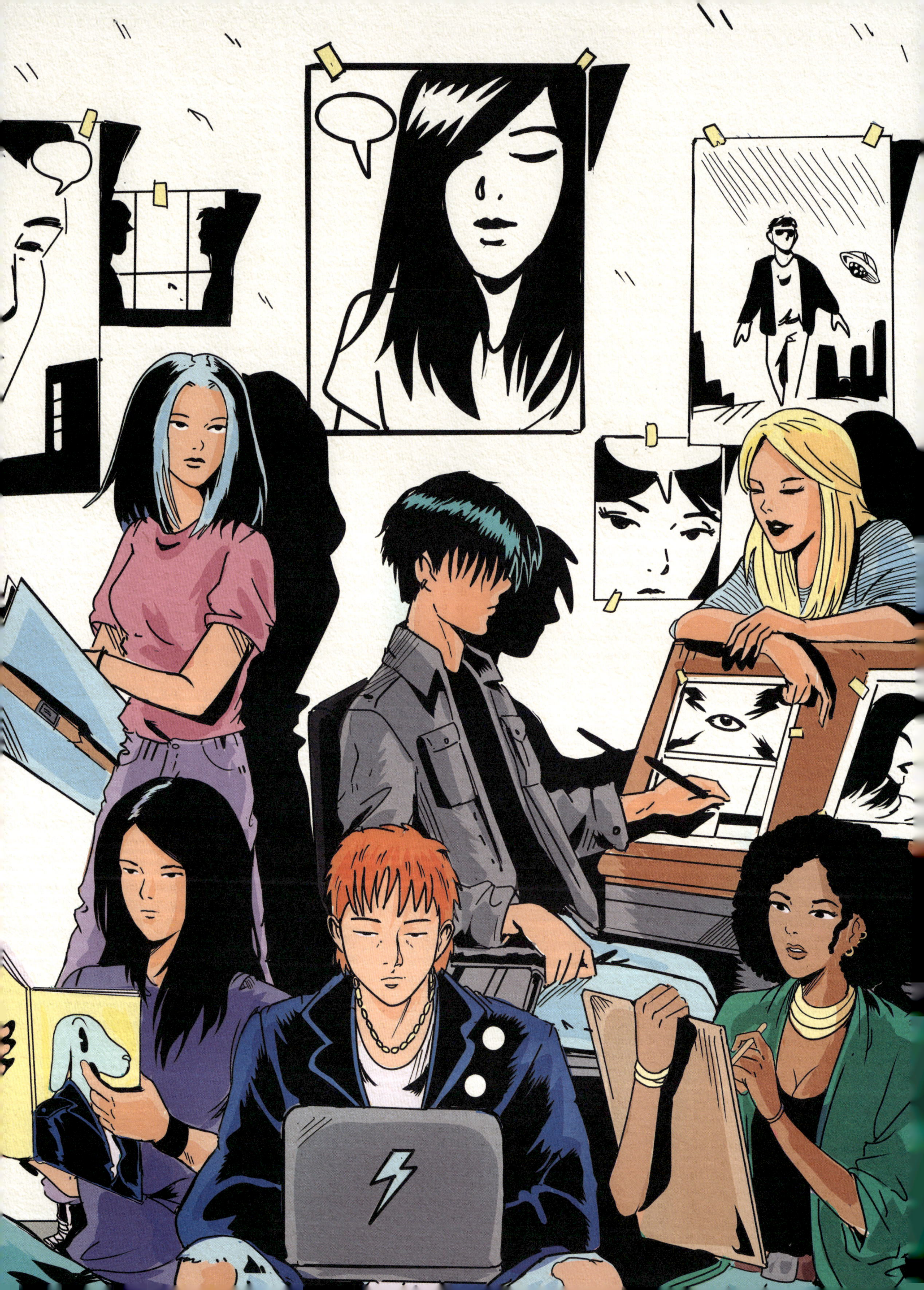

EINLEITUNG

WAS IST EIGENTLICH EINE GRAPHIC NOVEL?

Es gibt viele Möglichkeiten, eine Geschichte zu erzählen: durch Romane, Filme, Theaterstücke, Podcasts ... Eine andere Möglichkeit sind Graphic Novels.
Die Graphic Novel ist sowohl ein Genre als auch eine Erzähltechnik, denn sie **ist eine in sich geschlossene Geschichte**, die in Comics erzählt wird. Das bedeutet, dass die STORY von grundlegender Bedeutung ist. Sie hat die für einen Roman typische Handlung und wird in der Bildsprache des Comics erzählt. Der amerikanische Cartoonist Will Eisner nannte Comics *eine sequenzielle Kunst* (also eine, in der die Dinge nacheinander passieren), und Scott McCloud widmete sein wunderschönes und unverzichtbares Buch *Understanding Comics (Comics richtig lesen)* dem Verständnis und der Erklärung des Wesens dieser großartigen Kunstform. Ich denke, jede·r Autor·in hat seine eigene Vorstellung und Definition von einer Graphic Novel. Ich kann mir vorstellen, dass auch du deine eigene haben wirst.

Graphic Novels zu entwickeln beinhaltet auch eine Haltung. Das Ziel dieses Buches ist es, Neugierde zu wecken und ein paar Tipps zu geben, wie du deine eigenen Ideen verwirklichen und dein Wissen über Graphic Novels vertiefen kannst. Außerdem möchte ich dir ein paar grundlegende Werkzeuge an die Hand geben, damit du eine Geschichte entwickeln, Texte und Zeichnungen kombinieren und am Ende deine eigene Graphic Novel erstellen kannst.
Sei nicht allzu bescheiden: Auch du kannst eine Graphic Novel kreieren, dies ist nur der Anfang. Aus kleinen Eicheln wachsen große Eichen!

Balthazar Pagani

EINE KURZE GESCHICHTE DES COMICS

Wenn wir behaupten, **GRAPHIC NOVELS SIND EINE WELT FÜR SICH**, haben wir nicht unrecht. Es gibt in dieser Welt ausgetretene Pfade und viele weniger bekannte; einige haben eine lange Geschichte hinter sich und andere haben eine große Zukunft vor sich. Und dann sind da noch die großen Protagonisten dieser Welt: die Leser, die sie entdeckt haben, und die Autoren und Künstler, die sie erschaffen. **LASS UNS UNSERE ERKUNDUNG DER GRAPHIC NOVELS BEGINNEN!**

GENRES, STORYS UND THEMEN

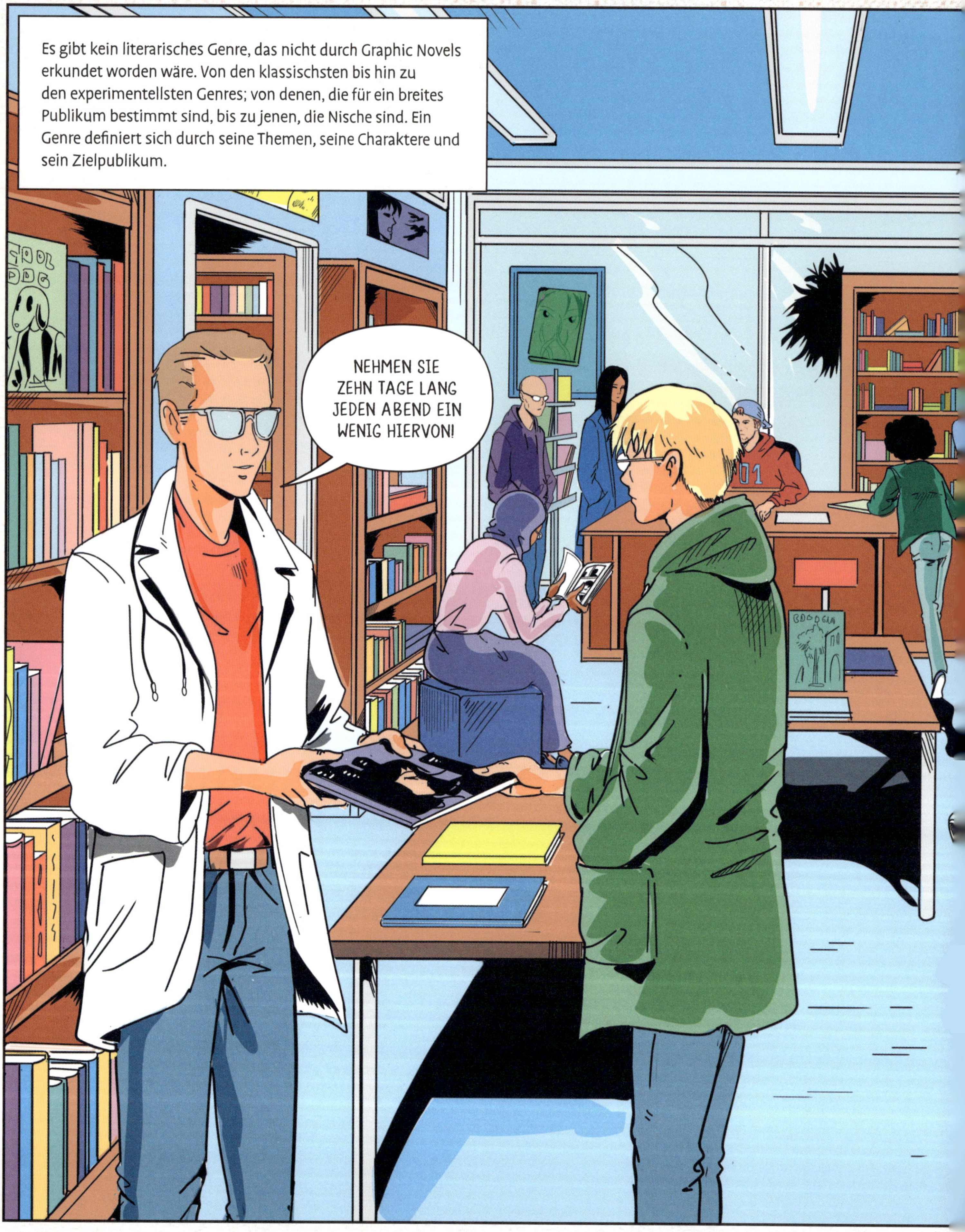

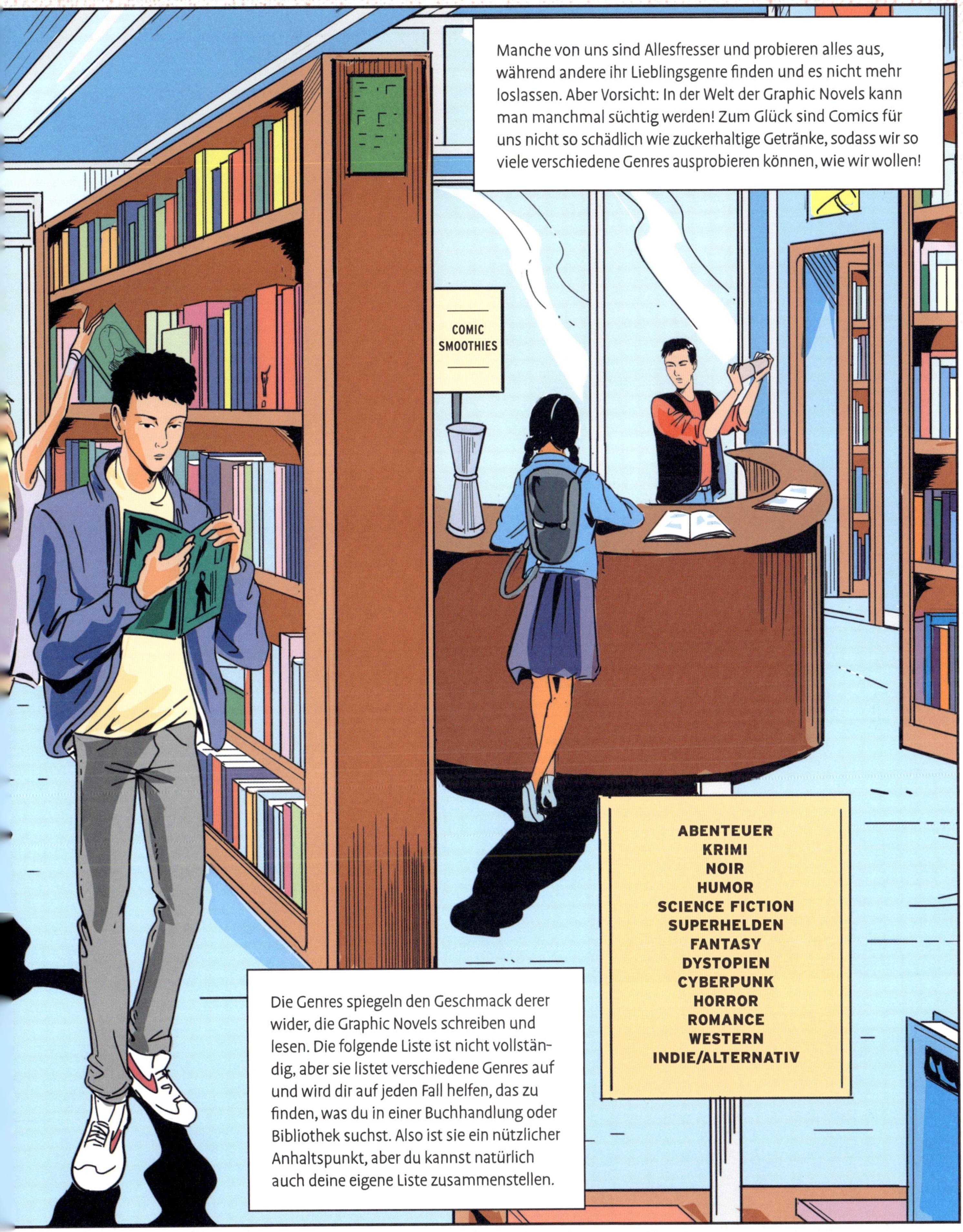
Manche von uns sind Allesfresser und probieren alles aus, während andere ihr Lieblingsgenre finden und es nicht mehr loslassen. Aber Vorsicht: In der Welt der Graphic Novels kann man manchmal süchtig werden! Zum Glück sind Comics für uns nicht so schädlich wie zuckerhaltige Getränke, sodass wir so viele verschiedene Genres ausprobieren können, wie wir wollen!
COMIC SMOOTHIES
ABENTEUER
KRIMI
NOIR
HUMOR
SCIENCE FICTION
SUPERHELDEN
FANTASY
DYSTOPIEN
CYBERPUNK
HORROR
ROMANCE
WESTERN
INDIE/ALTERNATIV
Die Genres spiegeln den Geschmack derer wider, die Graphic Novels schreiben und lesen. Die folgende Liste ist nicht vollständig, aber sie listet verschiedene Genres auf und wird dir auf jeden Fall helfen, das zu finden, was du in einer Buchhandlung oder Bibliothek suchst. Also ist sie ein nützlicher Anhaltspunkt, aber du kannst natürlich auch deine eigene Liste zusammenstellen.

DIE GROSSEN GRAPHIC-NOVEL-NATIONEN

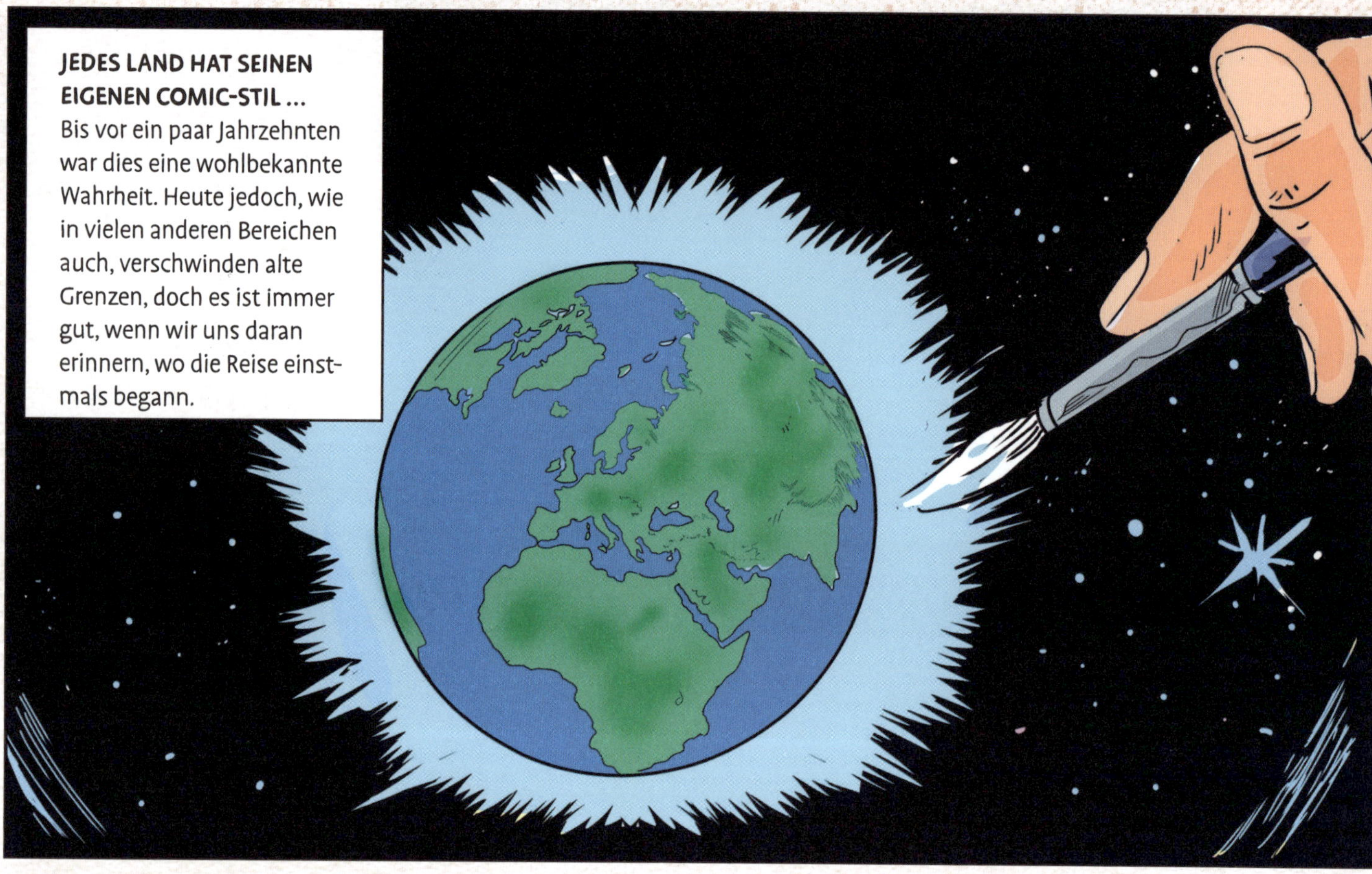

VEREINIGTE STAATEN (USA)

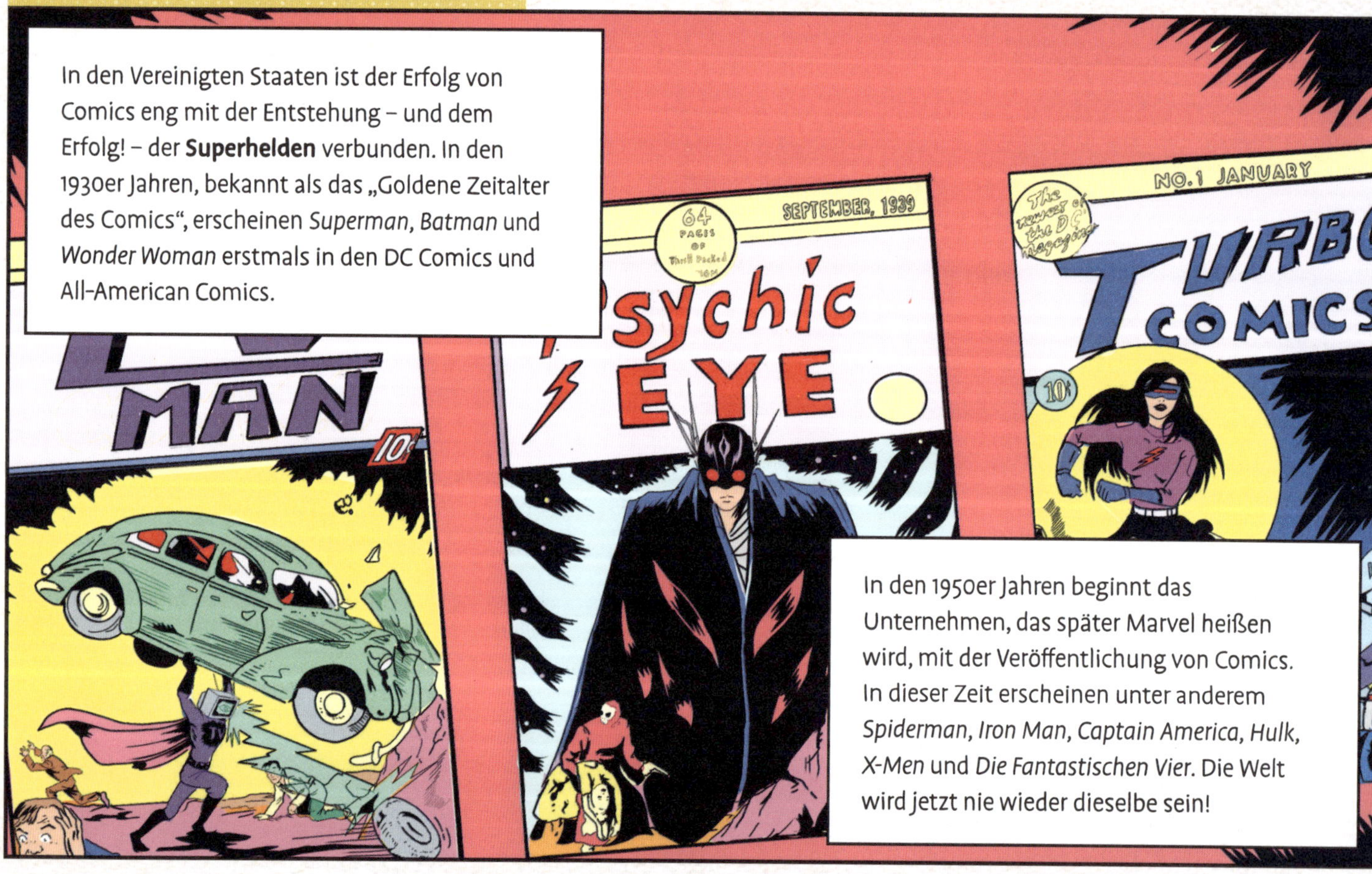

JAPAN

In Japan sind Comics unter dem Namen **Manga** bekannt. Der Begriff Manga stammt aus dem 18. Jahrhundert und wurde von dem berühmten Künstler **Hokusai** zur Beschreibung seiner illustrierten Bücher genutzt. Es sollte jedoch bis in die 1950er Jahre dauern, bis Mangas wirklich populär wurden. Heute gibt es Hunderte von Manga-Untergattungen, die jeweils ganz bestimmte Charakteristika aufweisen.

Manga-Storys werden in Episoden veröffentlicht. Sie sind im Allgemeinen schwarz-weiß gezeichnet, und die Figuren haben oft große Augen und kindliche Züge, obgleich Mangas für ein erwachsenes Publikum gedacht sind. Mangas werden außerdem von rechts nach links gelesen, also in der entgegengesetzten Richtung zu westlichen Texten. Von einigen Manga-Serien gibt es auch animierte Ausgaben, daher der Name **Anime**, eine Abkürzung des Wortes *animēshon*, der japanischen Transkription von *Animation*.

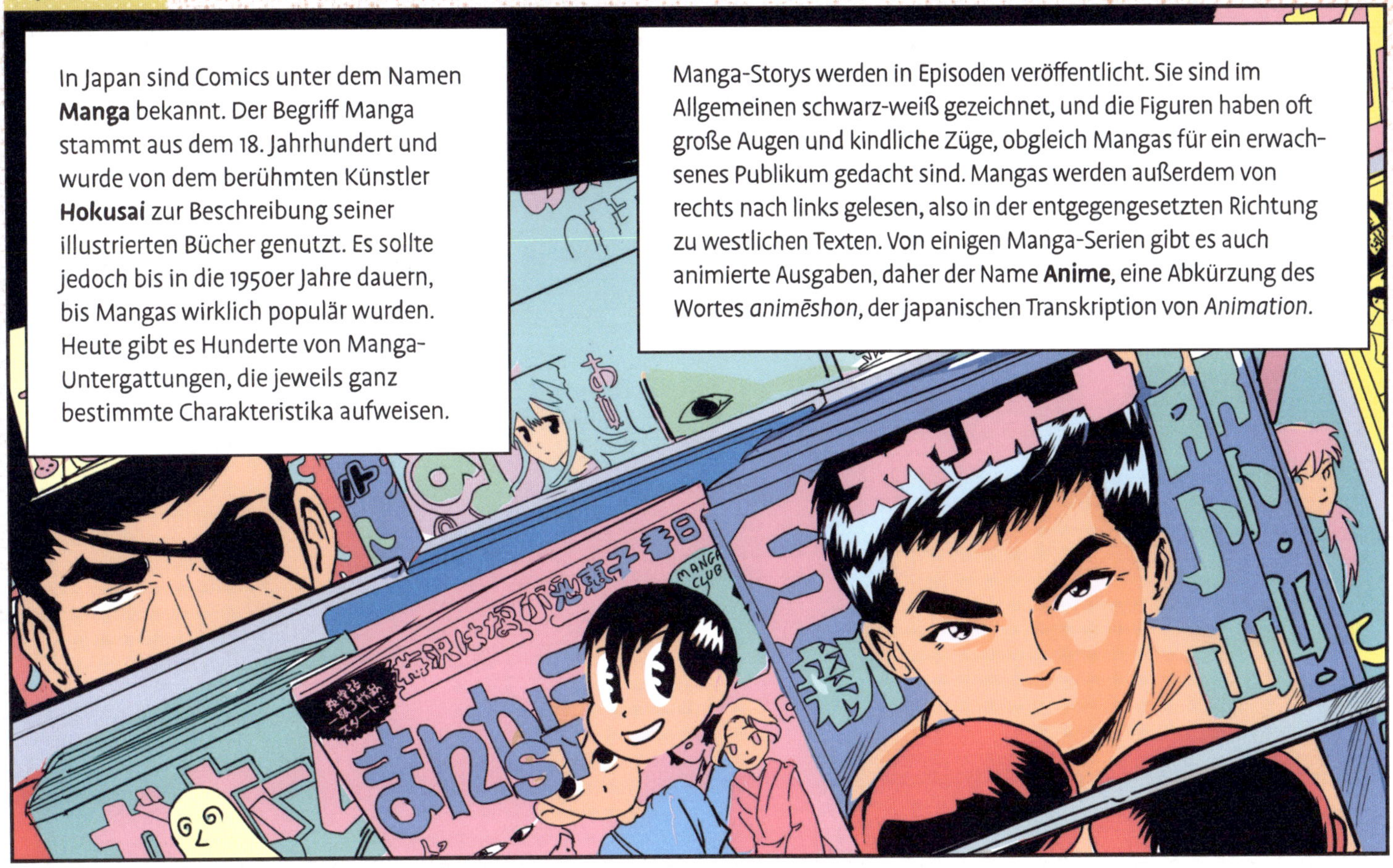

EUROPA

Rodolphe Töpffer gilt als der erste Autor von Graphic Novels in Europa mit seinem Buch *Les Amours de Monsieur Vieux Bois*, das im Jahr 1827 erschien. Seitdem hat sich das Genre in tausend verschiedene Richtungen entwickelt. Was sie miteinander verbindet, ist, dass es kein einheitliches Paradigma dafür gibt, wie eine Graphic Novel sein sollte. **In Europa hängt der Erfolg einer Graphic Novel ganz vom Autor oder von der Autorin ab.**

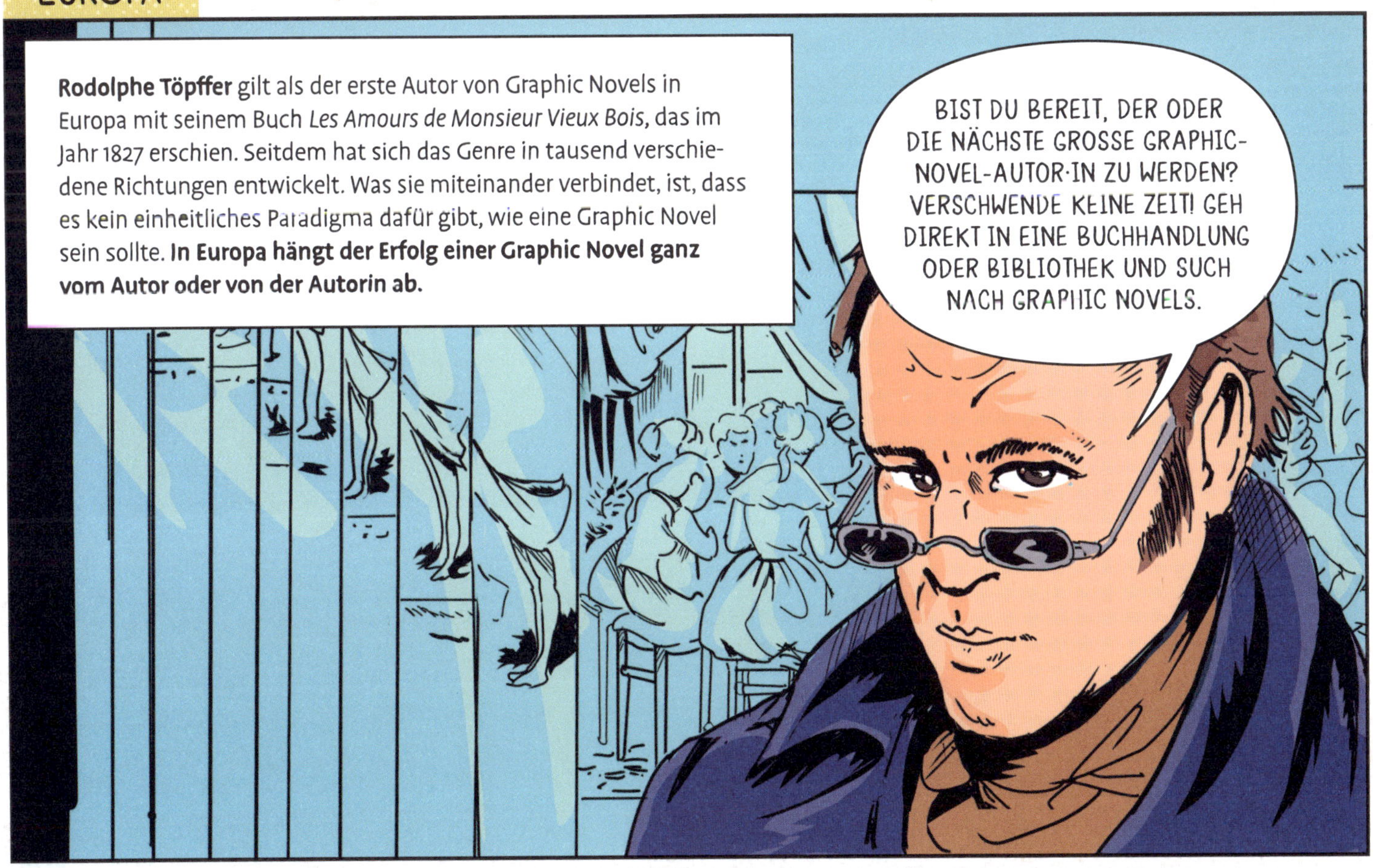

BEVOR DU ANFÄNGST ZU ZEICHNEN

Kreative Inspiration folgt keinen vordefinierten Regeln oder festen Arbeitszeiten, aber die Produktion einer Graphic Novel **IST NICHT NUR EINE KREATIVE ANGELEGENHEIT**. Es gehören auch gute Arbeitsmethoden dazu. Bevor du mit dem Zeichnen beginnst, musst du zu deinem Thema recherchieren und dir den passenden Schreib- und Zeichenstil erarbeiten, um eine **HARMONIE ZWISCHEN DEN BEIDEN ELEMENTEN HERZUSTELLEN**. Außerdem musst du einige technische Details beachten, etwa wie du deine Dokumente erstellst.

ZEICHNER·IN ODER AUTOR·IN – WAS VON BEIDEN BIST DU?

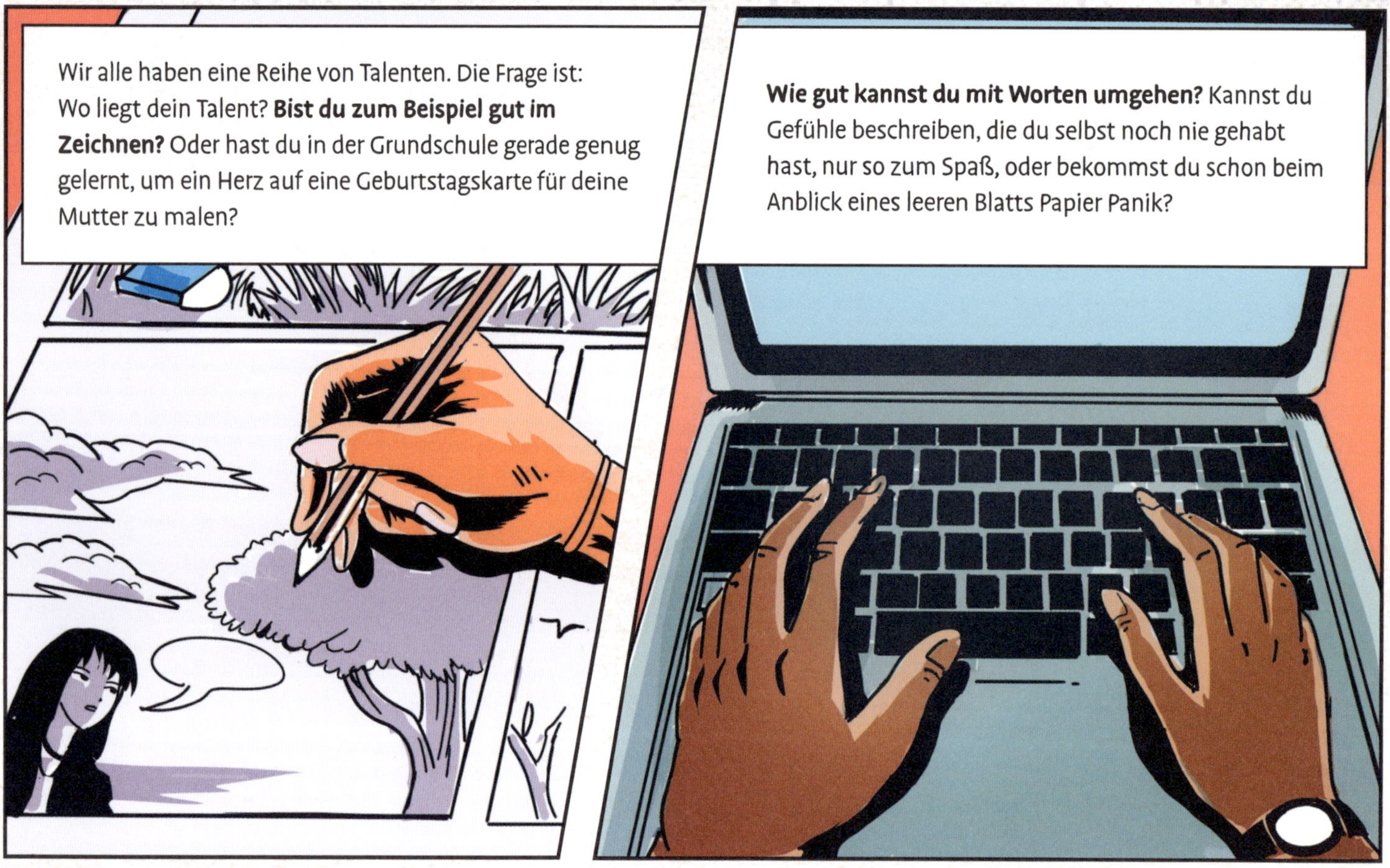

Wir alle haben eine Reihe von Talenten. Die Frage ist: Wo liegt dein Talent? **Bist du zum Beispiel gut im Zeichnen?** Oder hast du in der Grundschule gerade genug gelernt, um ein Herz auf eine Geburtstagskarte für deine Mutter zu malen?

Wie gut kannst du mit Worten umgehen? Kannst du Gefühle beschreiben, die du selbst noch nie gehabt hast, nur so zum Spaß, oder bekommst du schon beim Anblick eines leeren Blatts Papier Panik?

DIE ILLUSTRATORIN

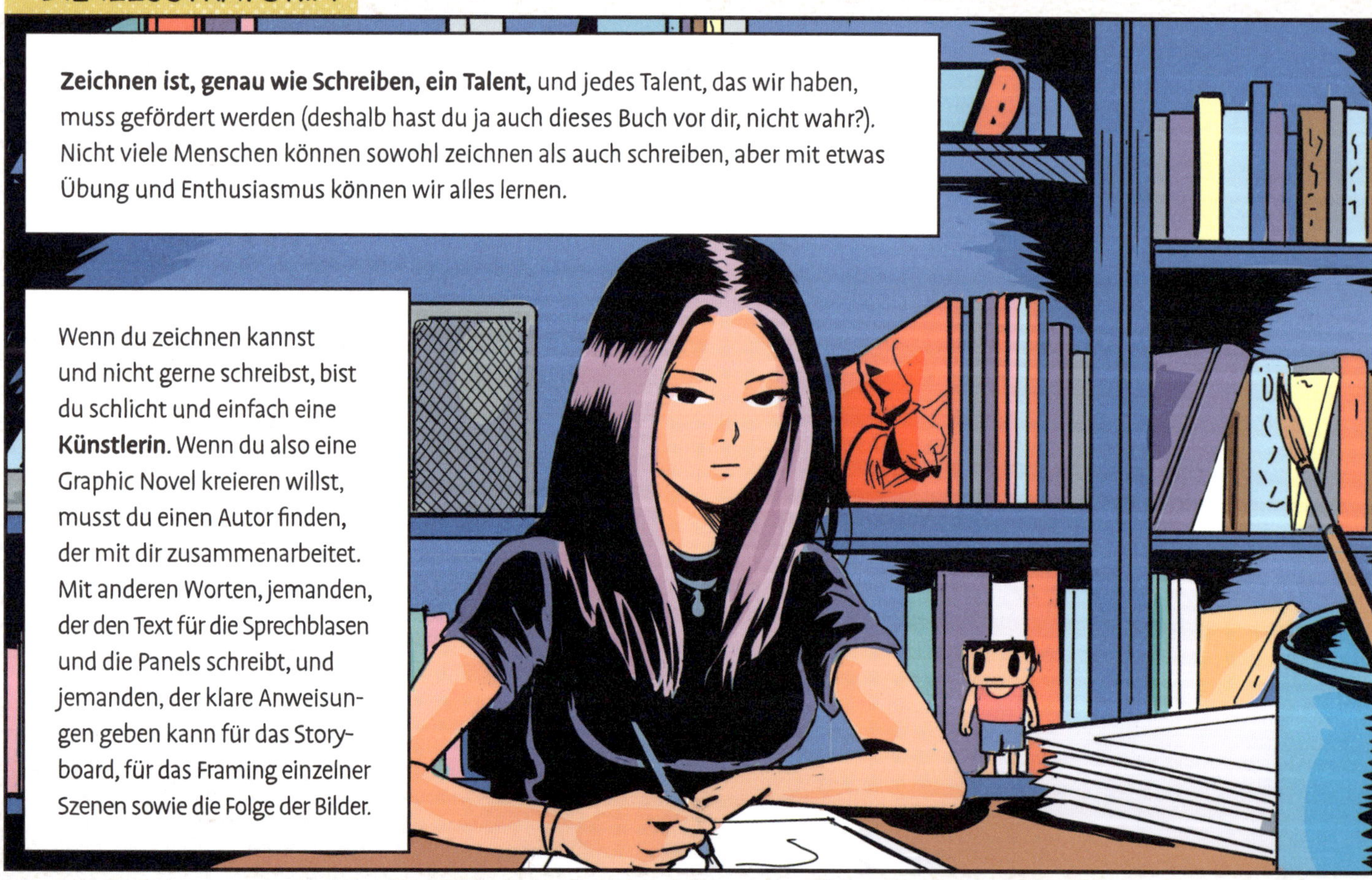

Zeichnen ist, genau wie Schreiben, ein Talent, und jedes Talent, das wir haben, muss gefördert werden (deshalb hast du ja auch dieses Buch vor dir, nicht wahr?). Nicht viele Menschen können sowohl zeichnen als auch schreiben, aber mit etwas Übung und Enthusiasmus können wir alles lernen.

Wenn du zeichnen kannst und nicht gerne schreibst, bist du schlicht und einfach eine **Künstlerin**. Wenn du also eine Graphic Novel kreieren willst, musst du einen Autor finden, der mit dir zusammenarbeitet. Mit anderen Worten, jemanden, der den Text für die Sprechblasen und die Panels schreibt, und jemanden, der klare Anweisungen geben kann für das Storyboard, für das Framing einzelner Szenen sowie die Folge der Bilder.

DER AUTOR

Wenn du gut schreiben kannst und nicht gerne zeichnest, **bist du vielleicht ein talentierter Autor**. Dann musst du eine Künstlerin finden, die mit dir zusammenarbeitet – jemanden, der deinen Text in eine Form bringen kann, ihn interpretieren und die Figuren unverwechselbar machen kann.

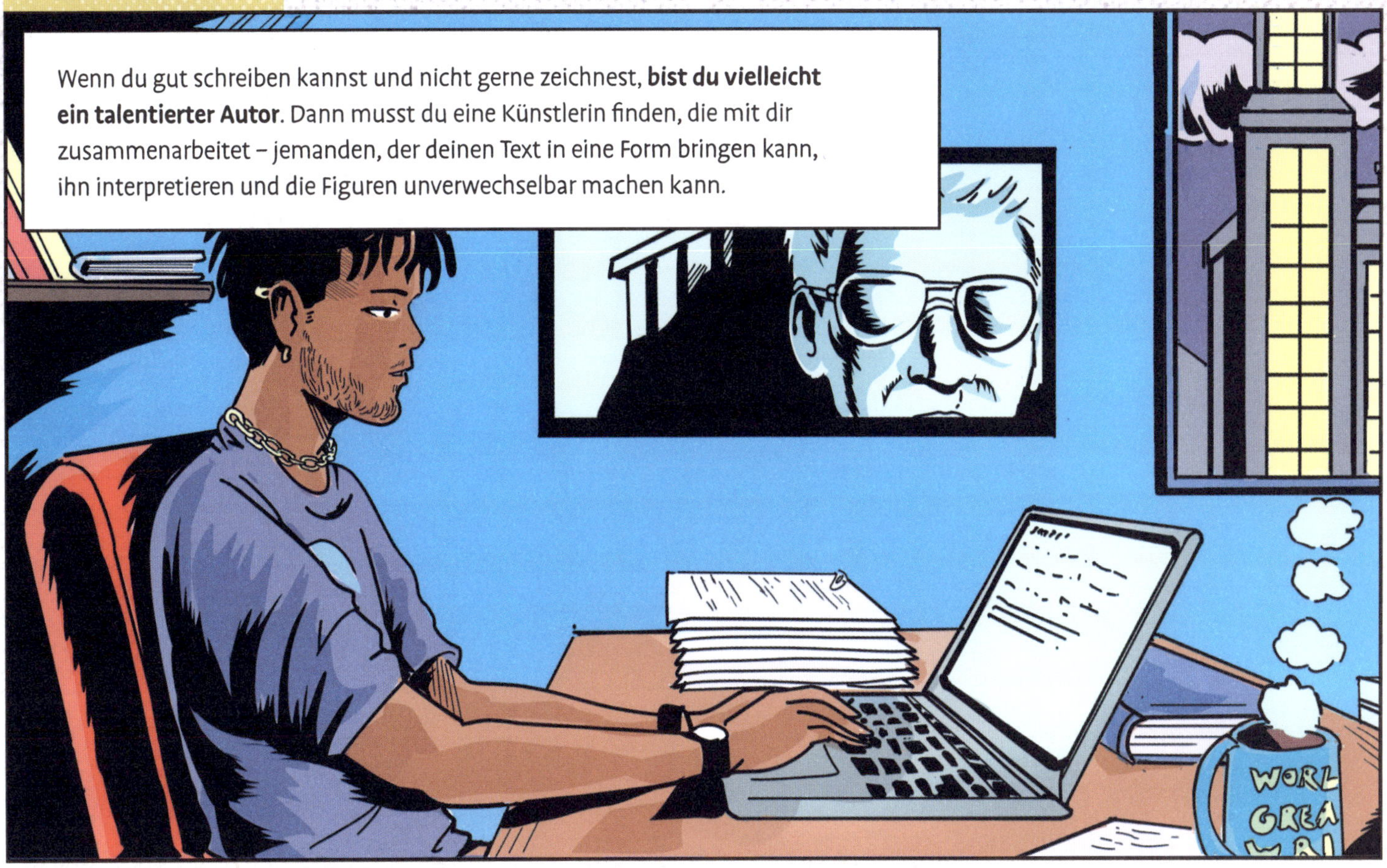

DIE ZUSAMMENARBEIT

Autor·in und Künstler·in müssen harmonisch zusammenarbeiten und sich gegenseitig anregen. Hilfreich ist es, wenn sie sich auch mögen, sonst sind Probleme vorprogrammiert. Aber es gibt noch einen dritten Weg – wenn du gerne zeichnest und gerne schreibst, möchtest du deine Graphic Novel vielleicht gern ganz allein anfertigen. Auch gut, dann musst du dich nicht wegen jeder Seite absprechen … pass nur auf, dass der Verlag dir dann auch das Doppelte zahlt!

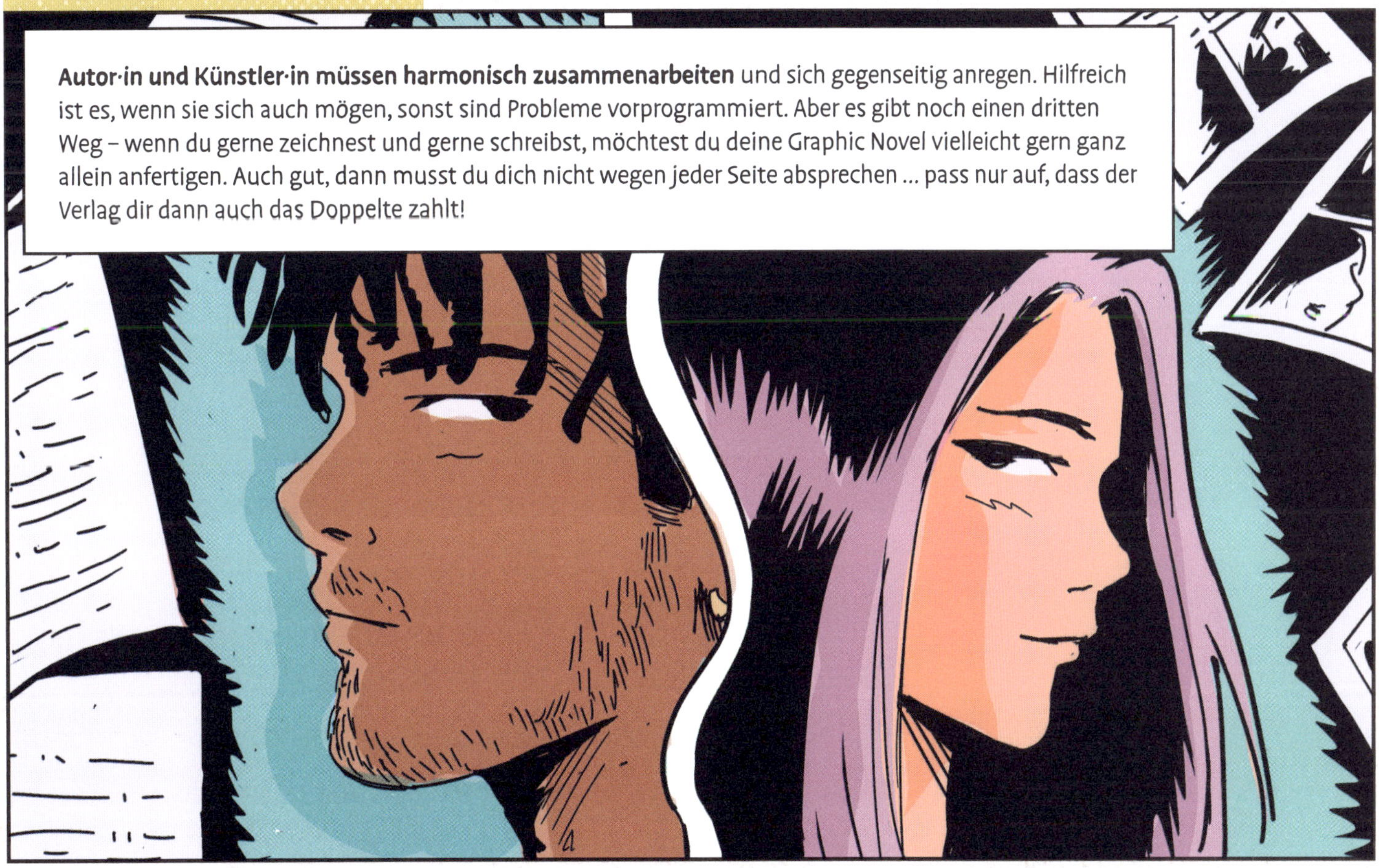

THEMA, RECHERCHE UND SCREENPLAY

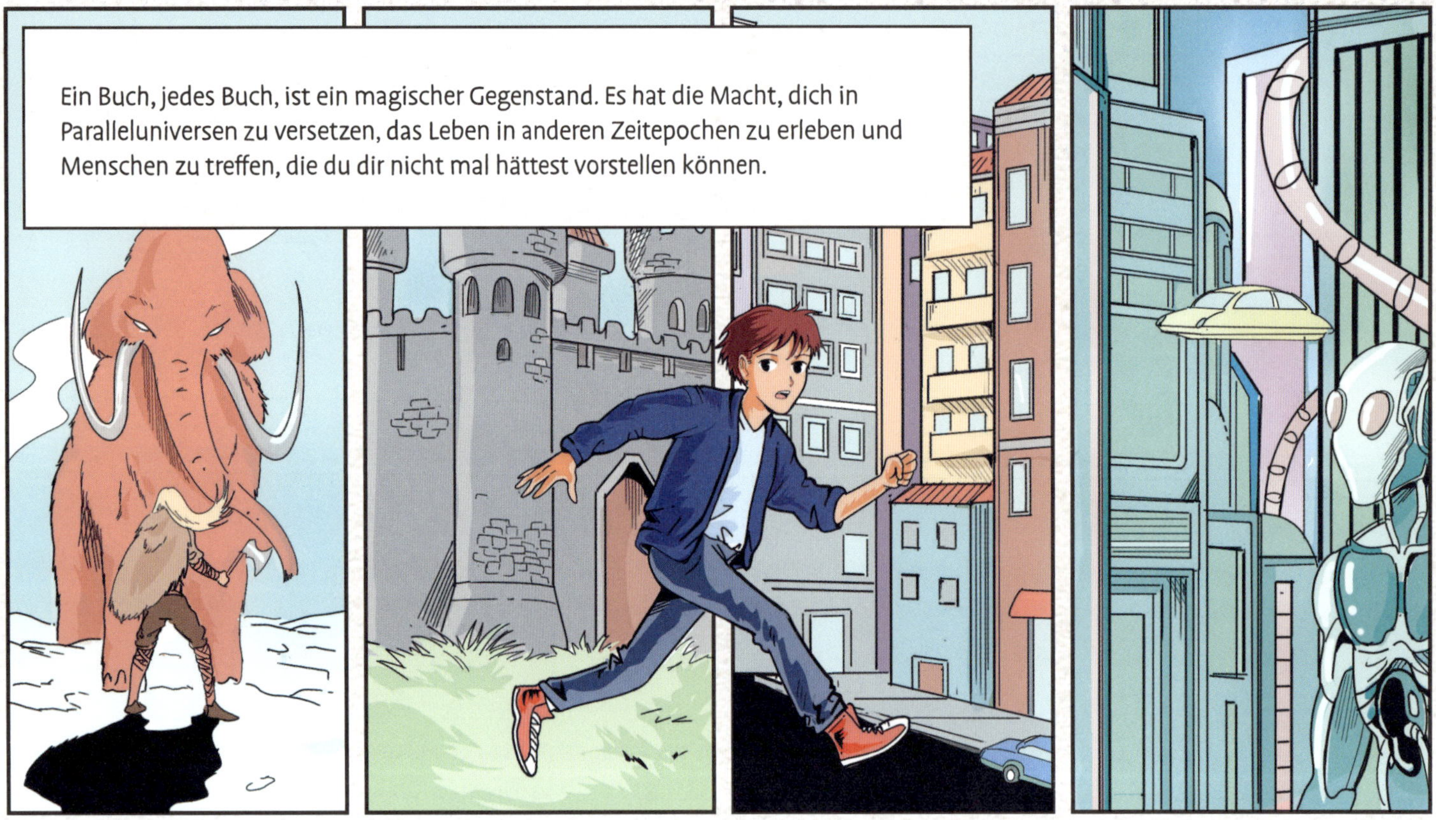

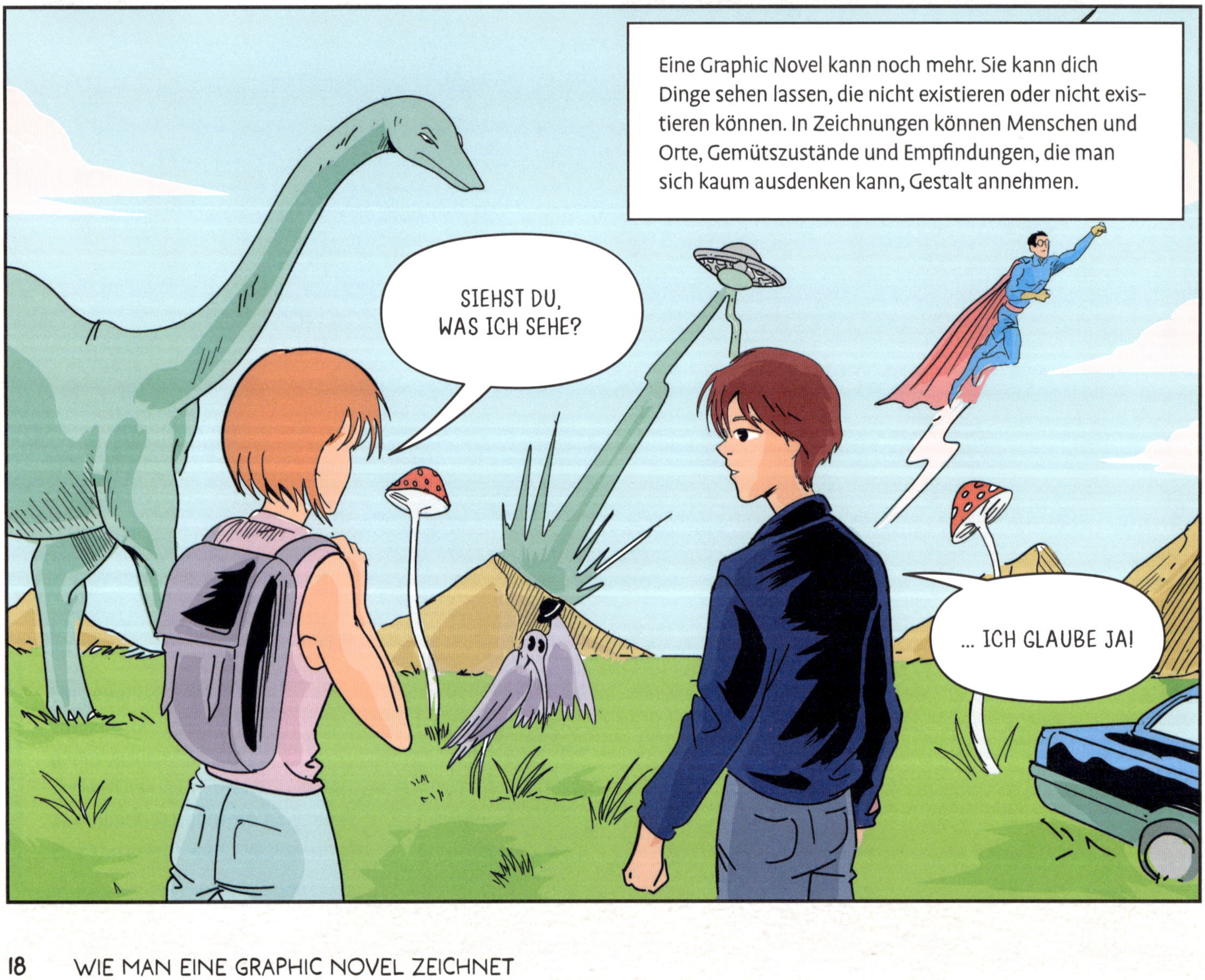

Es spielt also keine Rolle, ob die Idee für deine Graphic Novel realistisch ist oder nicht. Entscheidend ist, dass du sie durch die Kombination von Worten und Bildern umsetzen kannst.

Wenn du dich für eine Idee für deine Graphic Novel entschieden hast, ist der nächste Schritt, mit der Arbeit an der Geschichte zu beginnen. Die **Storyline** ist nichts anderes als eine kurze Beschreibung (nicht mehr als eine Seite Text) der gesamten Geschichte, ohne Dialoge. Sie sollte die grundlegenden Elemente der Geschichte umreißen: also wo und wann sie spielt, die Hauptfiguren vorstellen und erklären, was die Aufgabe des Protagonisten ist.

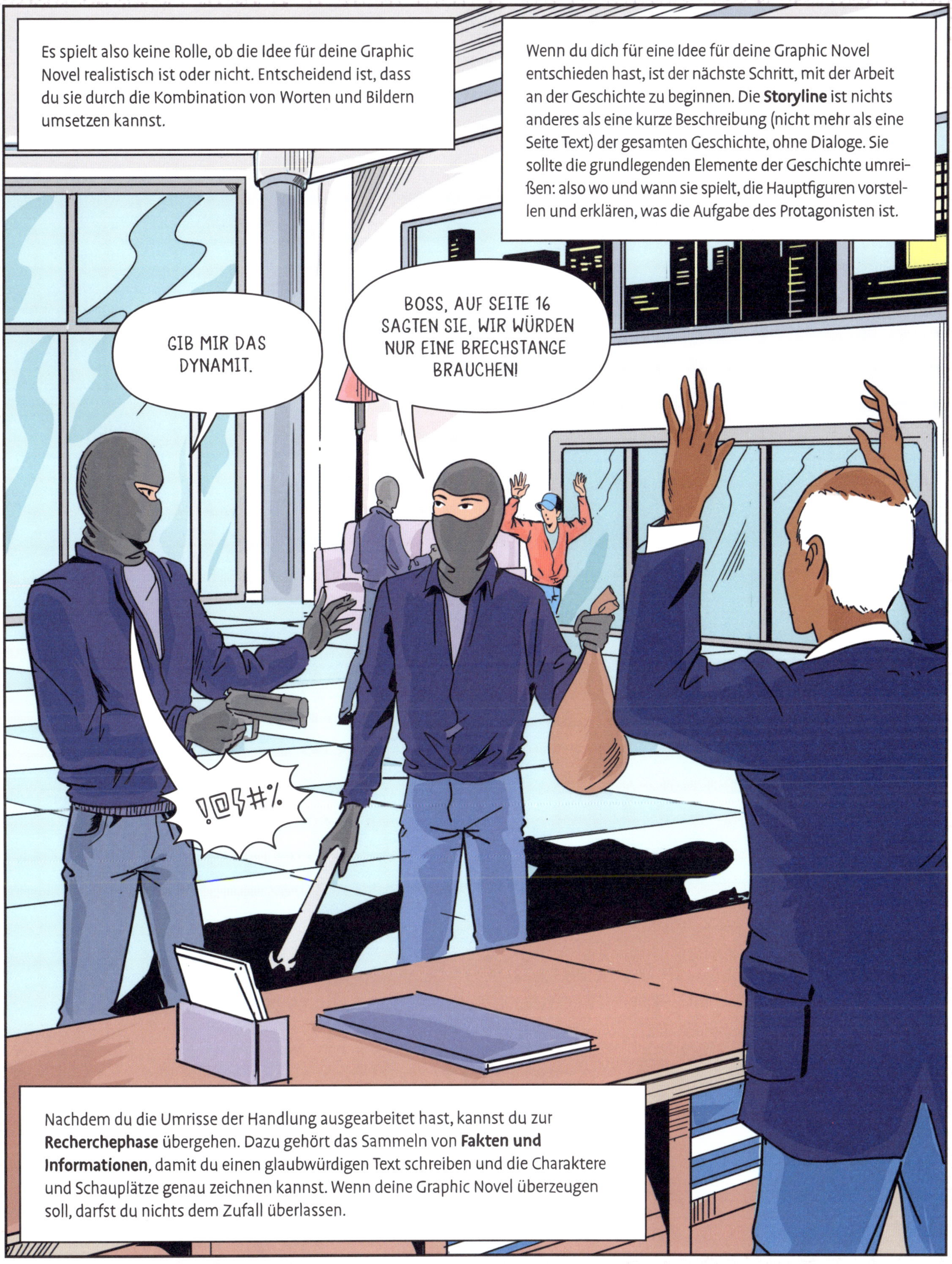

Nachdem du die Umrisse der Handlung ausgearbeitet hast, kannst du zur **Recherchephase** übergehen. Dazu gehört das Sammeln von **Fakten und Informationen**, damit du einen glaubwürdigen Text schreiben und die Charaktere und Schauplätze genau zeichnen kannst. Wenn deine Graphic Novel überzeugen soll, darfst du nichts dem Zufall überlassen.

THEMA, RECHERCHE UND SCREENPLAY

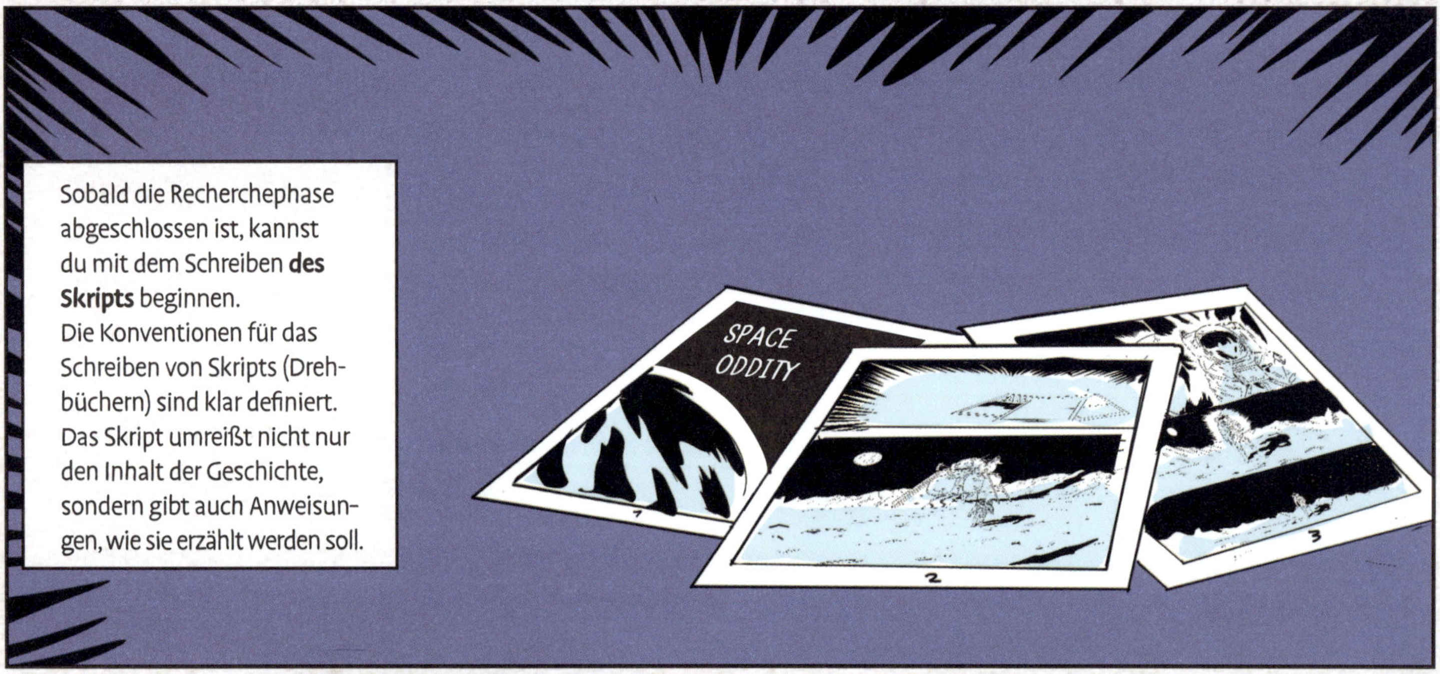

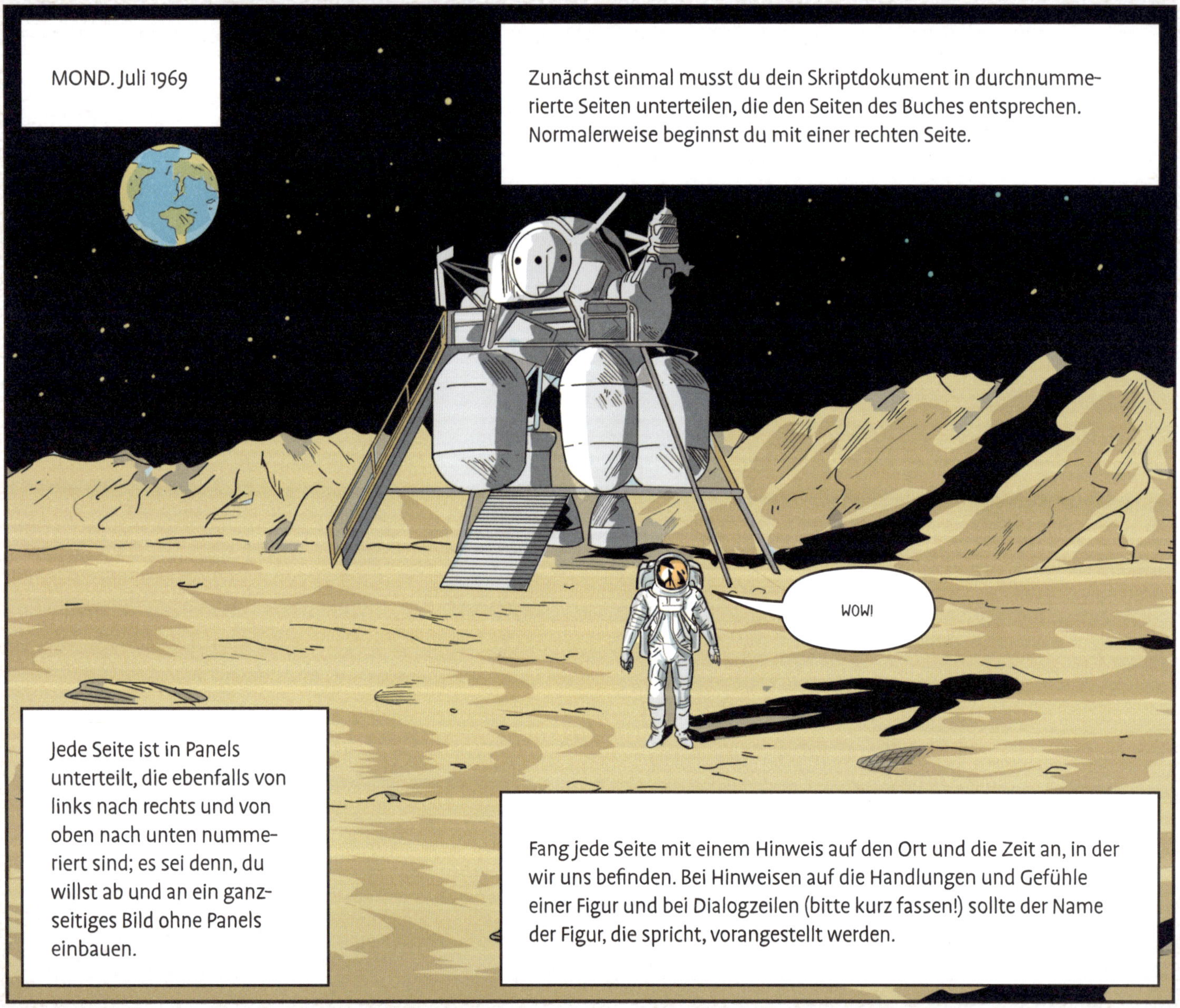

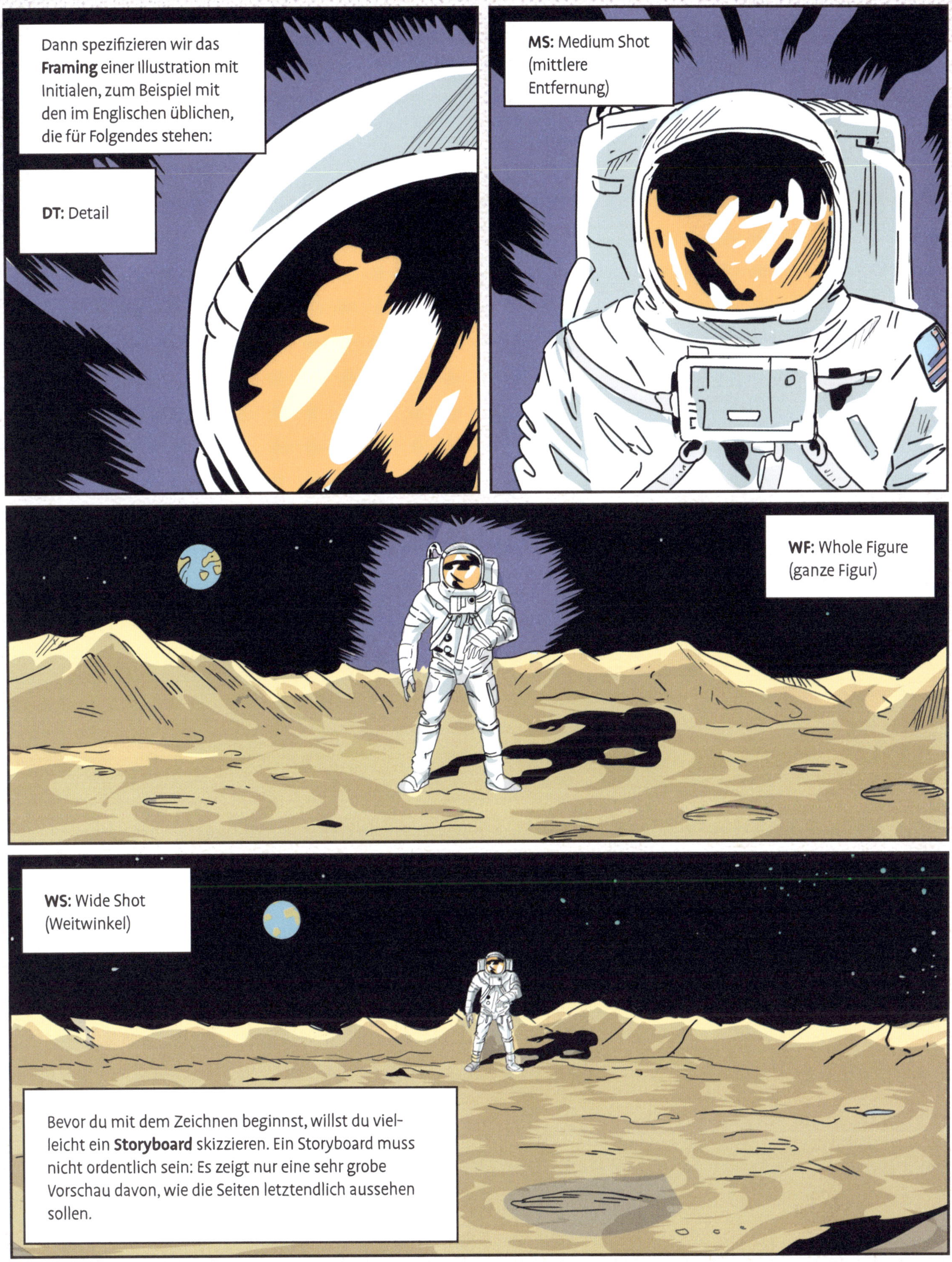
Dann spezifizieren wir das **Framing** einer Illustration mit Initialen, zum Beispiel mit den im Englischen üblichen, die für Folgendes stehen:
DT: Detail
MS: Medium Shot (mittlere Entfernung)
WF: Whole Figure (ganze Figur)
WS: Wide Shot (Weitwinkel)
Bevor du mit dem Zeichnen beginnst, willst du vielleicht ein **Storyboard** skizzieren. Ein Storyboard muss nicht ordentlich sein: Es zeigt nur eine sehr grobe Vorschau davon, wie die Seiten letztendlich aussehen sollen.

DIE GRUNDLAGEN DES URHEBERRECHTS

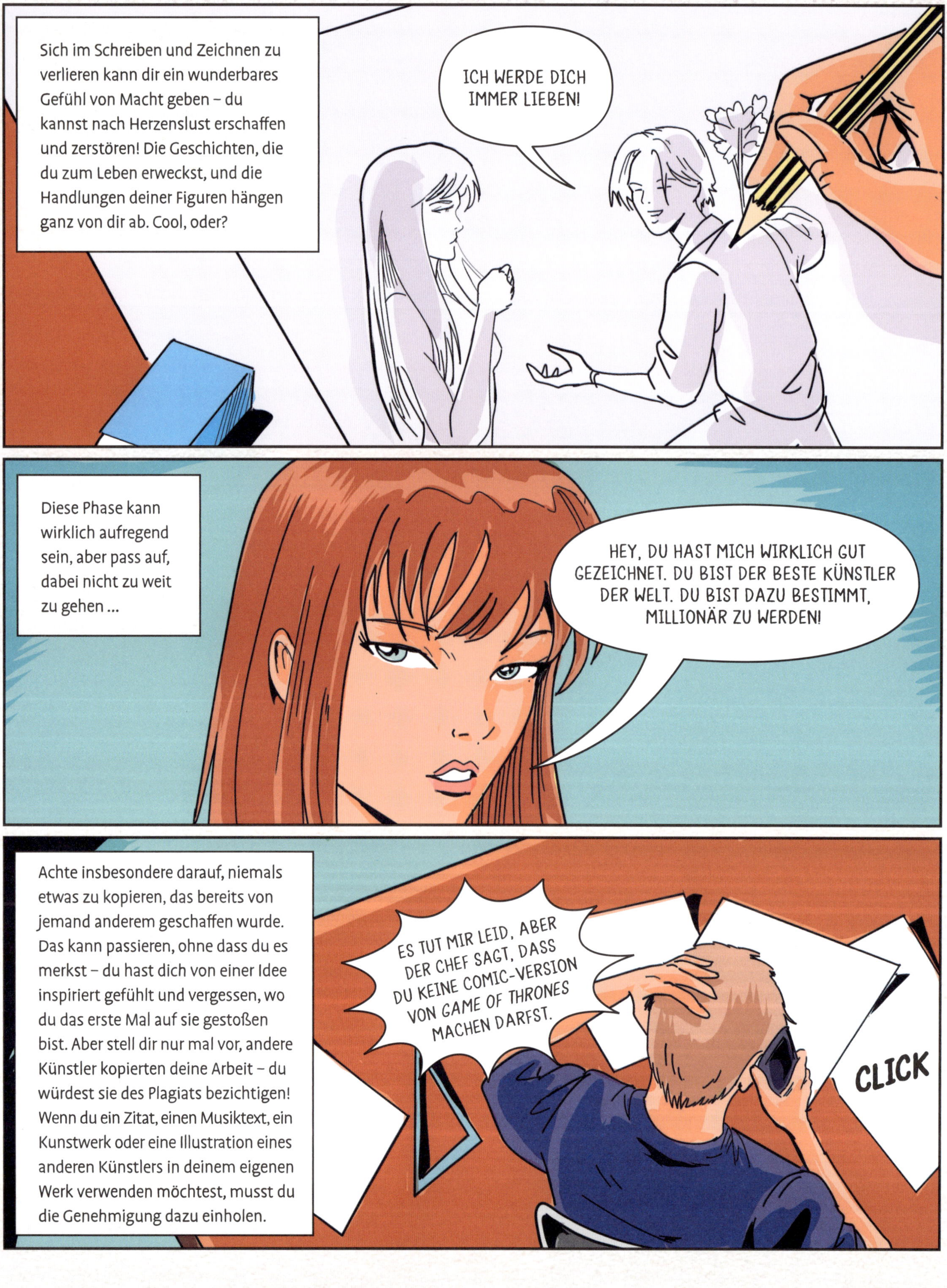

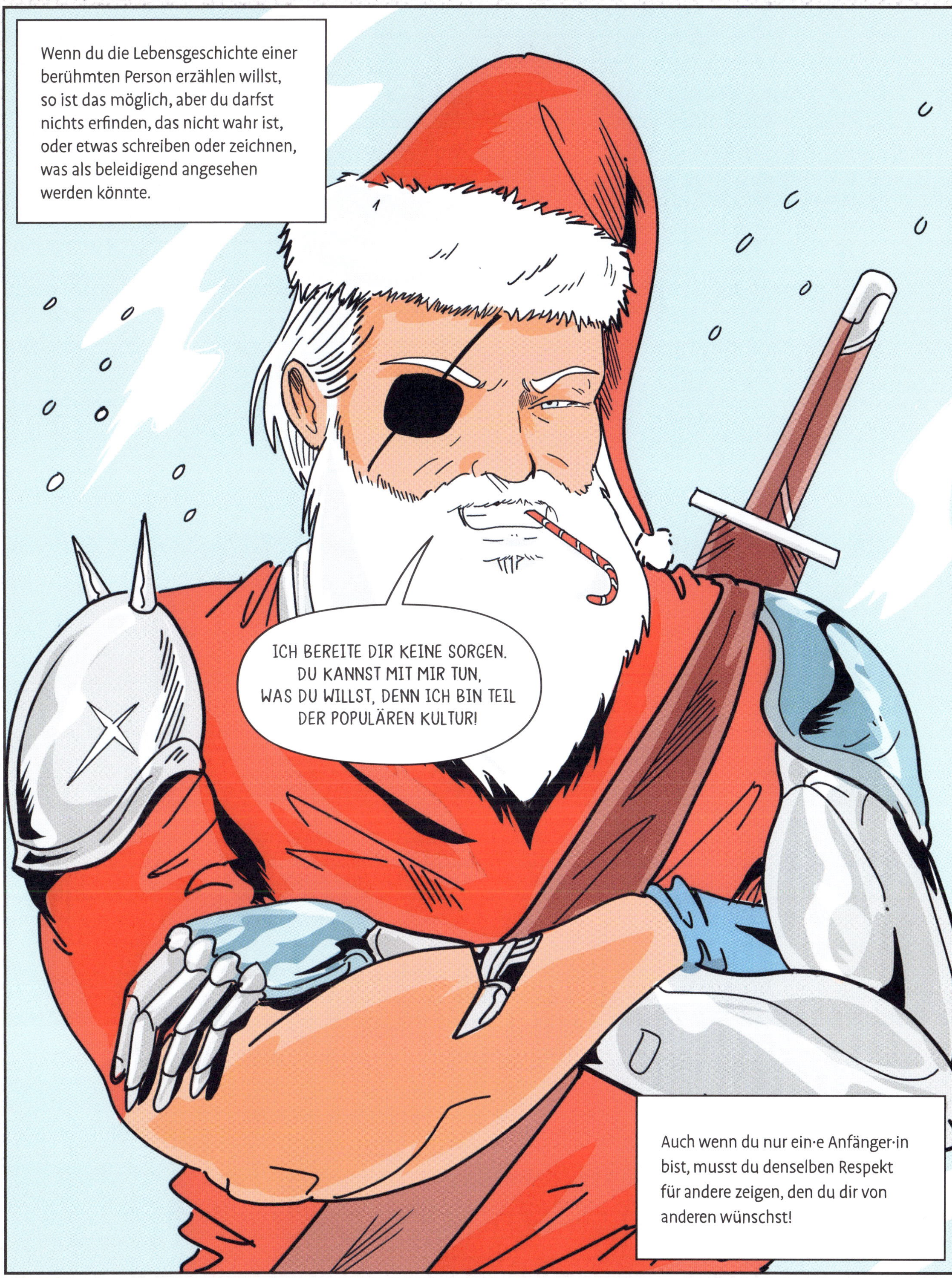
Wenn du die Lebensgeschichte einer berühmten Person erzählen willst, so ist das möglich, aber du darfst nichts erfinden, das nicht wahr ist, oder etwas schreiben oder zeichnen, was als beleidigend angesehen werden könnte.
ICH BEREITE DIR KEINE SORGEN. DU KANNST MIT MIR TUN, WAS DU WILLST, DENN ICH BIN TEIL DER POPULÄREN KULTUR!
Auch wenn du nur ein·e Anfänger·in bist, musst du denselben Respekt für andere zeigen, den du dir von anderen wünschst!

DIE GRUNDLAGEN DER DRUCK- UND BINDETECHNIKEN

Eine Graphic Novel kann gedruckt oder online veröffentlicht werden. Auch wenn du deine Geschichte nur digital veröffentlichen möchtest, würde ich trotzdem dazu raten, sie nach den Standards des Papierdrucks zu gestalten, denn wenn du eines Tages beschließt, deinem Werk doch noch eine physische Form zu geben, musst du es nicht noch einmal überarbeiten.

Die Seiten einer Graphic Novel werden auf Papierbögen gedruckt, deren Vorder- und Rückseite bedruckt werden – **„doppelseitiger“** Druck, wie es im Verlagswesen heißt.

Der **Umschlag** wird normalerweise **einseitig** bedruckt. Das Artwork dafür ist eine einzige Datei bestehend aus:

- der Vorderseite, genannt **U1** (Umschlagseite 1) – dort stehen der Buchtitel, die Autor·innen- und Illustrator·innennamen sowie das Logo des Verlags;
- dem **Buchrücken** – dort stehen im Allgemeinen derselbe Text wie auf der U1;
- der Rückseite, genannt **U4** (Umschlagseite 4) – dort stehen eine Inhaltsangabe oder eine Rezension, der Strichcode und vielleicht der Preis.

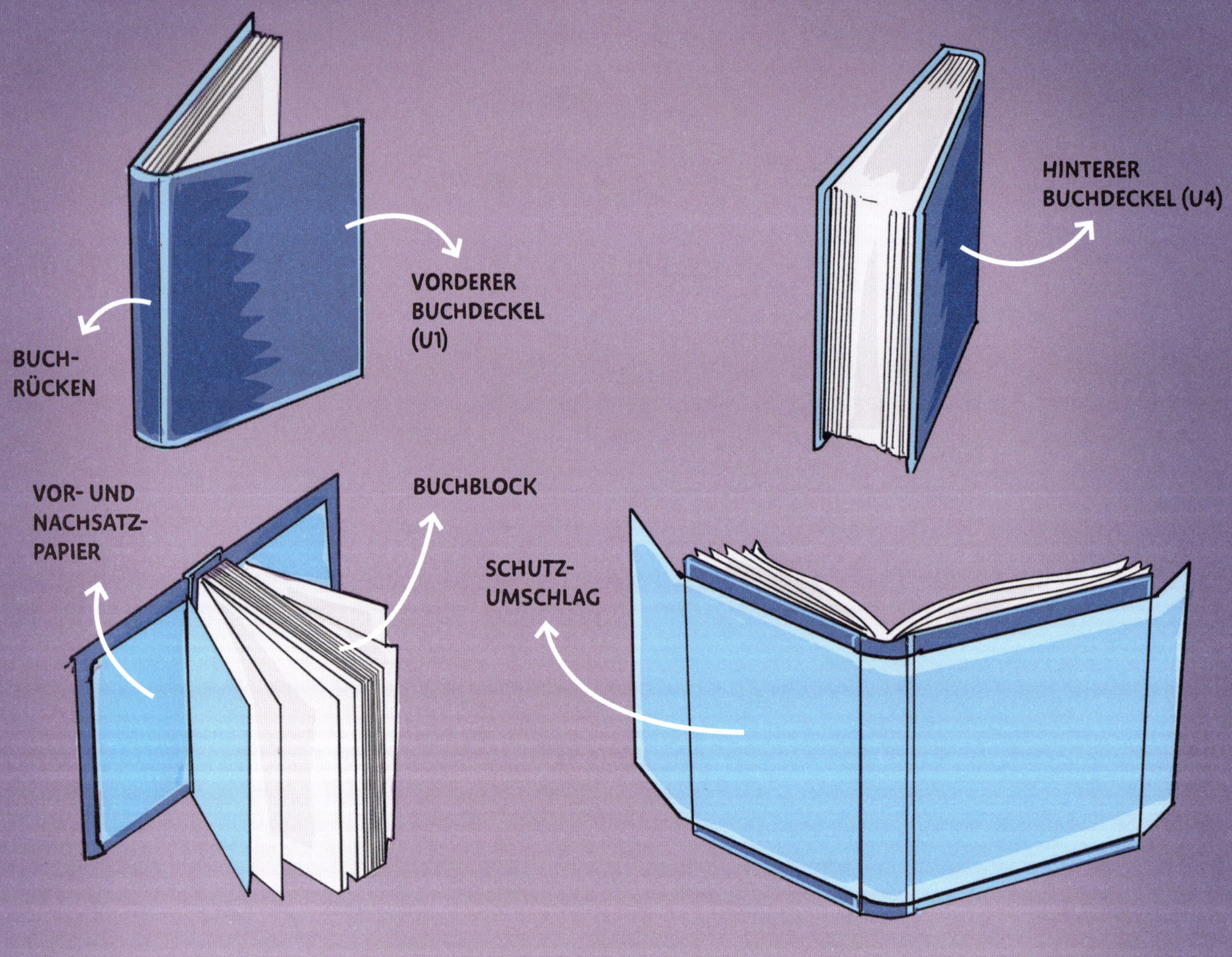

Ein **gebundenes Buch** oder **Hardcover** hat einen festen Einband. Die gedruckte Einbandgrafik wird auf Graupappe geklebt, die den vorderen und hinteren Buchdeckel (U1 und U4) und den **Buchrücken** bildet. Es kann auch einen **Schutzumschlag** haben, der lose um den Einband gelegt wird. Die **Vor- und Nachsatzpapiere** werden auf den vorderen und hinteren Buchdeckel geklebt und verbinden den Einband mit dem **Buchblock**.

Ein **Taschenbuch** oder **Paperback** ist ein Buch mit einem flexiblen Einband – mit oder ohne **Klappen**. Bei einem Taschenbuch sind keine Vorsatzpapiere erforderlich, weil der Einband direkt mit dem Buchblock verklebt ist.

Was wir normalerweise „Farbdruck“ nennen, wird im Verlagswesen als **Vierfarbdruck** bezeichnet, weil beim Druck auf Papier vier Grundfarben verwendet werden: Cyan (C), Magenta (M), Yellow (Gelb; Y) und Key (Schwarz; K), oder **CMYK**. Es ist auch möglich, Sonderfarben wie etwa Fluoreszenzfarben zusätzlich zu CMYK zu drucken. Als Alternative zum Vierfarbverfahren kann auch eine einzige Farbe verwendet werden (zum Beispiel beim klassischen Schwarz-Weiß-Druck) oder ein Zweifarb- oder Dreifarbverfahren in den Farbkombinationen, die uns am besten gefallen.

Die Seiten eines Buches werden auf großen **Bögen** gedruckt. Jeder bedruckte Bogen wird gefalzt und an drei der vier Seiten geschnitten, um ein **Heft** von 16 Seiten zu bilden. Das Heft wird an einer seiner vier Seiten mit einem Faden zusammengenäht und mit den anderen Heften verbunden. Dann werden alle Hefte, aus denen ein Buch besteht, entlang der genähten Kanten zusammengeklebt – sie bilden so den Buchblock. Durch den Leim wird der Buchblock auch mit dem Einband verbunden. Alternativ können auch einzelne Blätter zusammengebunden werden, wie bei einem Notizblock. Auf diese Weise gebundene Bücher neigen jedoch dazu, leicht auseinanderzubrechen, und die Seiten können sich lösen.

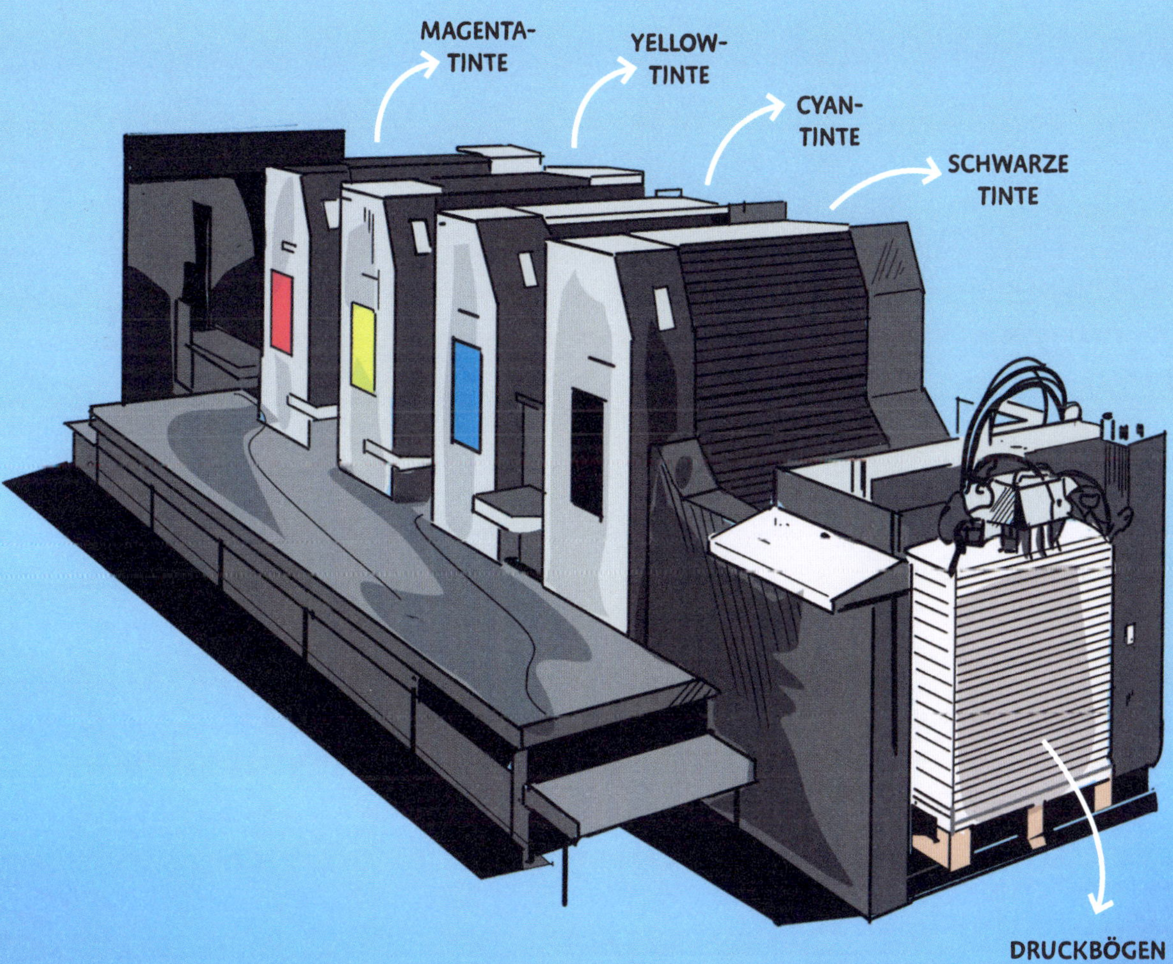

WIE MAN DATEIEN IN EINEM DIGITALEN FORMAT SPEICHERT

Unabhängig davon, ob deine Originalzeichnungen analog oder digital sind, musst du sie in einem digitalen Format speichern, bevor du sie im Layout platzieren kannst (siehe Seite 32). Es ist also wichtig zu wissen, wie du die Dateien richtig speicherst, bevor du beginnst. Wenn du deine Graphic Novel planst, solltest du am besten im Voraus entscheiden, welches **Format**, welche **Seitengröße** und welchen **Umfang** (also wie viele Seiten) dein Buch haben wird, denn all diese Faktoren haben Einfluss darauf, wie du deine digitalen Grafikdateien anlegen musst.

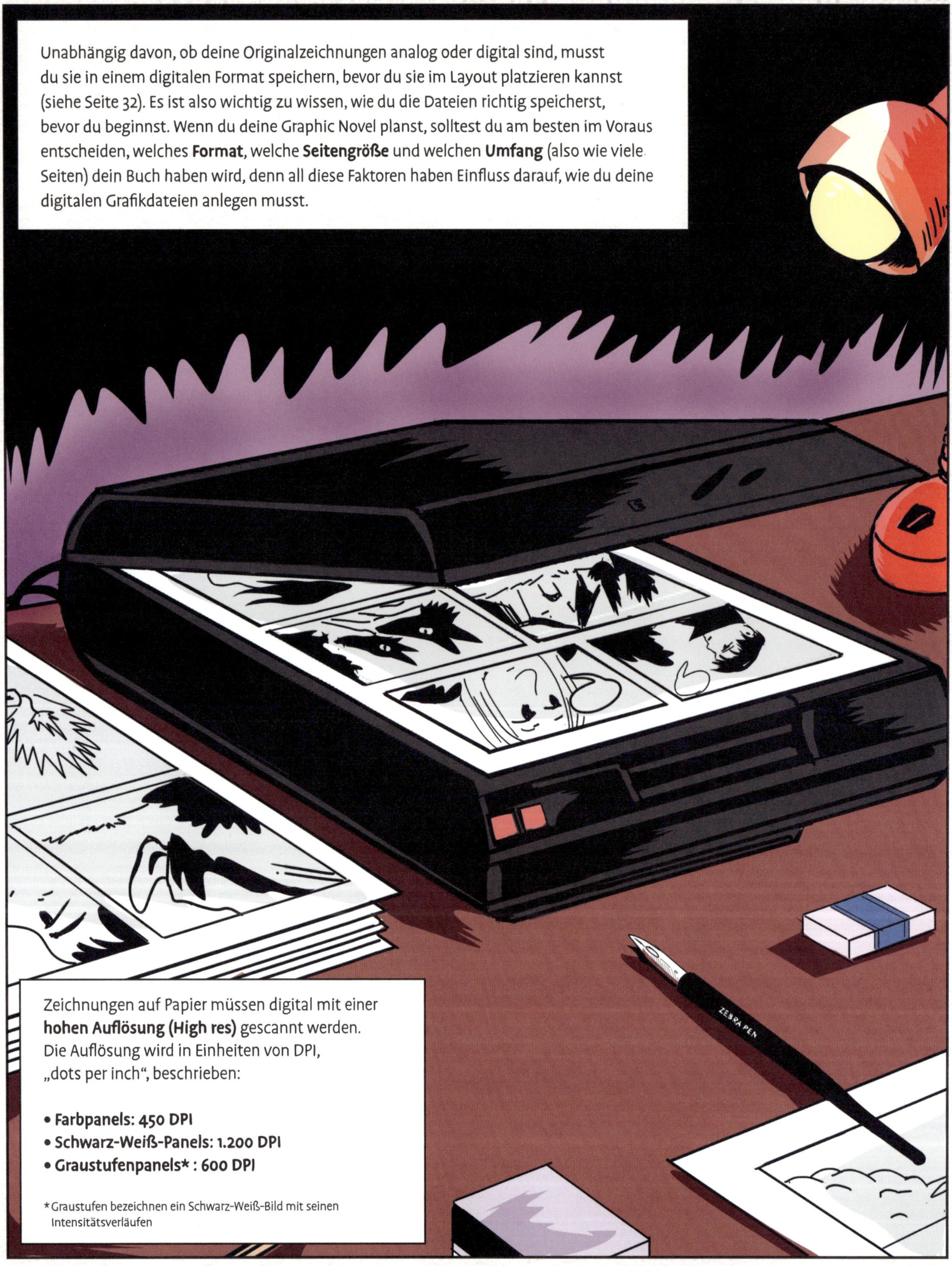

Zeichnungen auf Papier müssen digital mit einer **hohen Auflösung (High res)** gescannt werden. Die Auflösung wird in Einheiten von DPI, „dots per inch“, beschrieben:

- **Farbpanels: 450 DPI**
- **Schwarz-Weiß-Panels: 1.200 DPI**
- **Graustufenpanels* : 600 DPI**

*Graustufen bezeichnen ein Schwarz-Weiß-Bild mit seinen Intensitätsverläufen

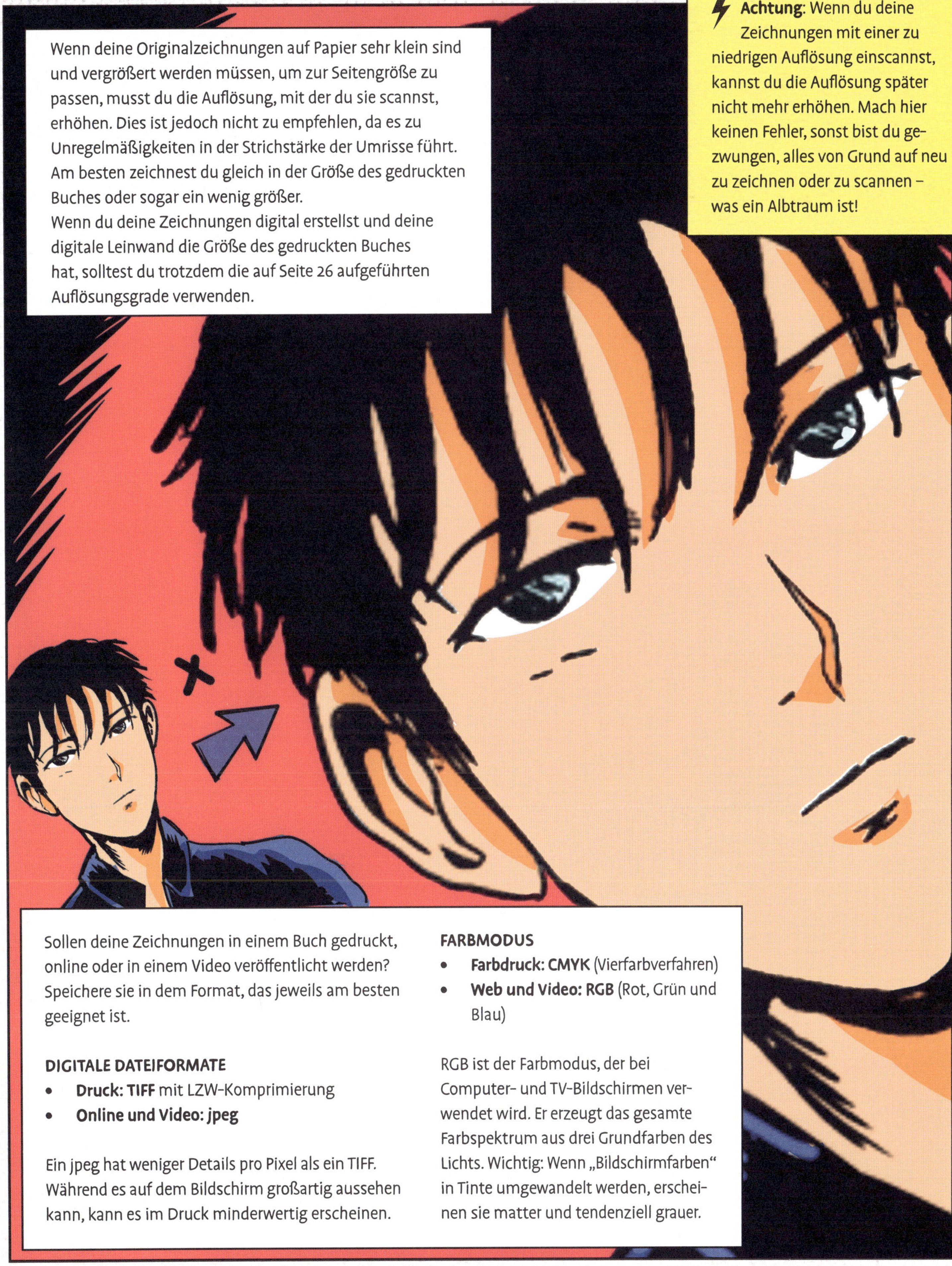

Wenn deine Originalzeichnungen auf Papier sehr klein sind und vergrößert werden müssen, um zur Seitengröße zu passen, musst du die Auflösung, mit der du sie scannst, erhöhen. Dies ist jedoch nicht zu empfehlen, da es zu Unregelmäßigkeiten in der Strichstärke der Umrisse führt. Am besten zeichnest du gleich in der Größe des gedruckten Buches oder sogar ein wenig größer.
Wenn du deine Zeichnungen digital erstellst und deine digitale Leinwand die Größe des gedruckten Buches hat, solltest du trotzdem die auf Seite 26 aufgeführten Auflösungsgrade verwenden.

Achtung: Wenn du deine Zeichnungen mit einer zu niedrigen Auflösung einscannst, kannst du die Auflösung später nicht mehr erhöhen. Mach hier keinen Fehler, sonst bist du gezwungen, alles von Grund auf neu zu zeichnen oder zu scannen – was ein Albtraum ist!

Sollen deine Zeichnungen in einem Buch gedruckt, online oder in einem Video veröffentlicht werden? Speichere sie in dem Format, das jeweils am besten geeignet ist.

DIGITALE DATEIFORMATE

- **Druck: TIFF** mit LZW-Komprimierung
- **Online und Video: jpeg**

Ein jpeg hat weniger Details pro Pixel als ein TIFF. Während es auf dem Bildschirm großartig aussehen kann, kann es im Druck minderwertig erscheinen.

FARBMODUS

- **Farbdruck: CMYK** (Vierfarbverfahren)
- **Web und Video: RGB** (Rot, Grün und Blau)

RGB ist der Farbmodus, der bei Computer- und TV-Bildschirmen verwendet wird. Er erzeugt das gesamte Farbspektrum aus drei Grundfarben des Lichts. Wichtig: Wenn „Bildschirmfarben" in Tinte umgewandelt werden, erscheinen sie matter und tendenziell grauer.

DIE GRUNDLAGEN

Eine Graphic Novel zu erschaffen bedeutet, **TEXT UND BILDER AUF EINER LAYOUTSEITE ZU KOMBINIEREN**, und zwar in einem Format, aus dem das Druck-PDF generiert werden kann. Das erfordert sehr viel Sorgfalt und Präzision. Bevor du mit dem finalen Artwork für deine Graphic Novel beginnst, solltest du **EIN PAAR GRUNDLAGEN** bzgl. Seitenlayout, Stilvorlagen und Typografie kennenlernen.

LAYOUT-STIL FÜR DIE SEITENFORMATE

SEITENFORMATE WERDEN ALS „PORTRAIT“ ODER „LANDSCAPE“ BEZEICHNET.

Portrait oder **Album**
Ein Rechteck, das höher als breit ist: klassisches Comicformat

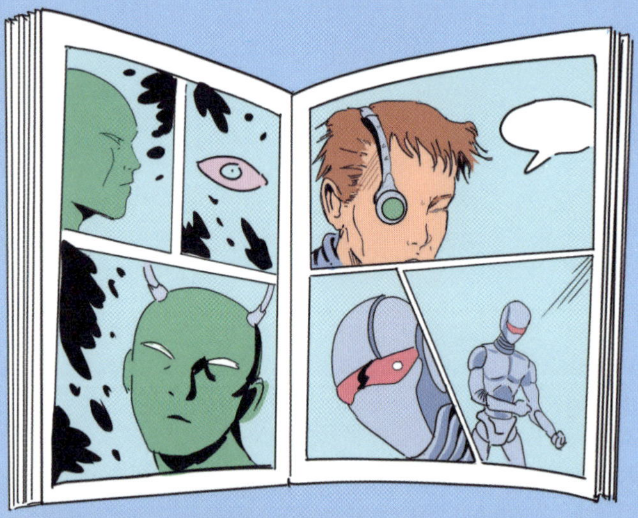

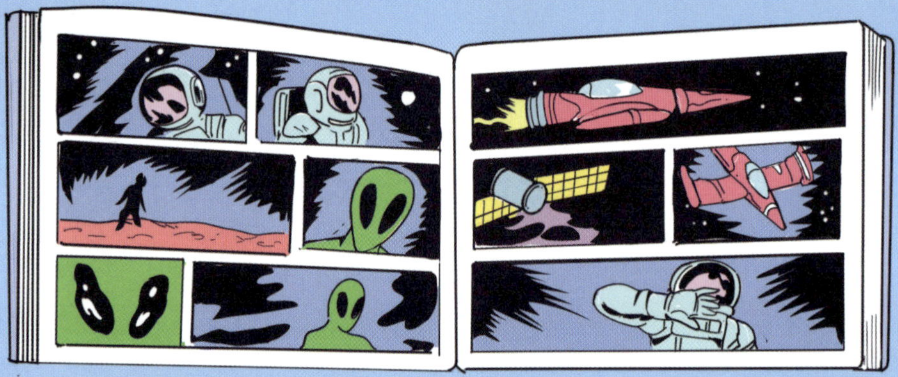

Landscape oder **Querformat**
Ein Rechteck, das breiter als hoch ist: Comic-Strip-Album

Es gibt auch quadratische Formate, aber die meisten Graphic Novels sind im Portraitformat.

GÄNGIGE SEITENFORMATE (HÖHE X BREITE)

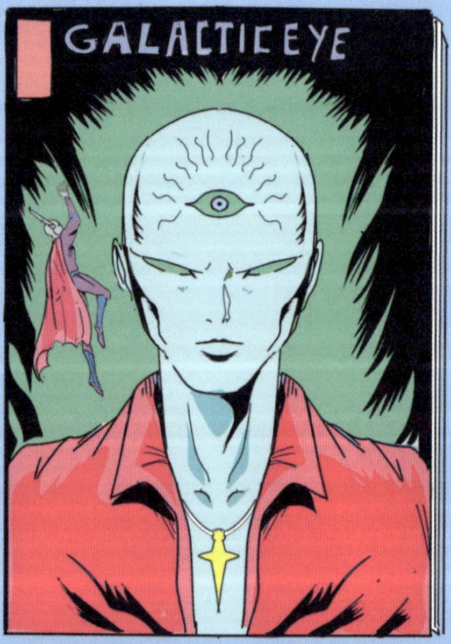

Amerikanisch: 24 x 17 cm

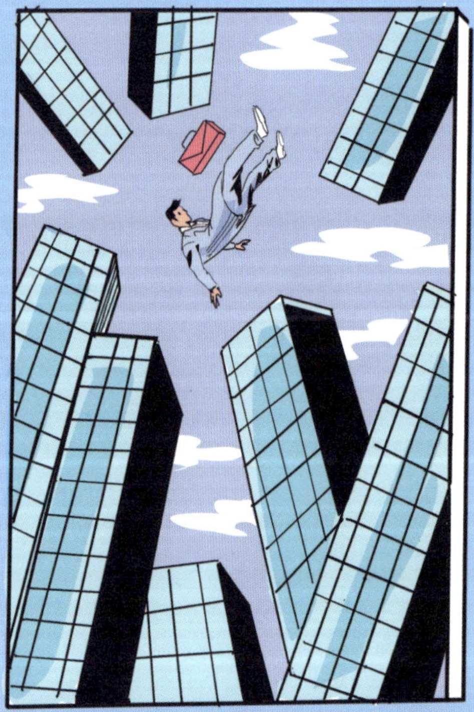

Französisch: 32 x 24 cm

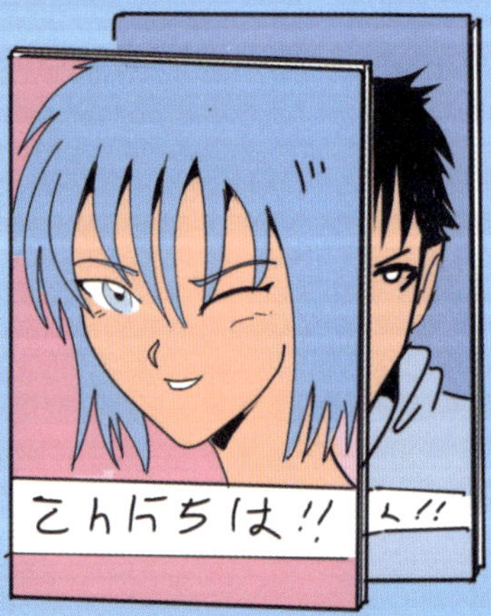

Japanisch: 18 x 12 cm o. 21 x 14,5 cm

Diese Seitenformate unterscheiden sich nicht nur durch ihre Größe, sondern auch dadurch, **wie die Panels auf der Seite unterteilt** sind.

In **amerikanischen Superhelden-Comics** sind die Panels in der Regel in **drei horizontalen Strips** unterschiedlicher Größe angeordnet, und es gibt zwischen **sechs und neun Panels** pro Seite.

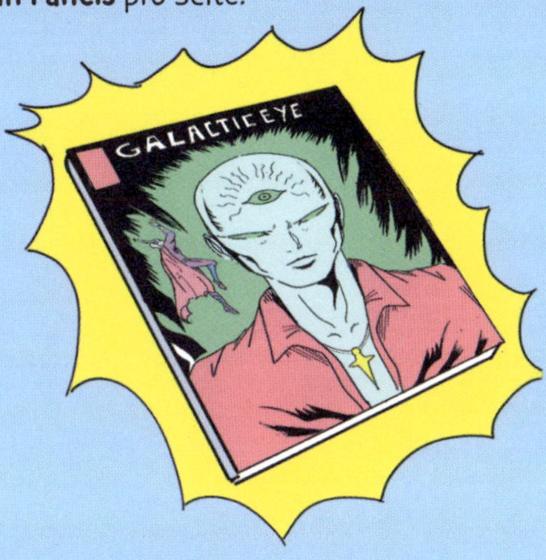

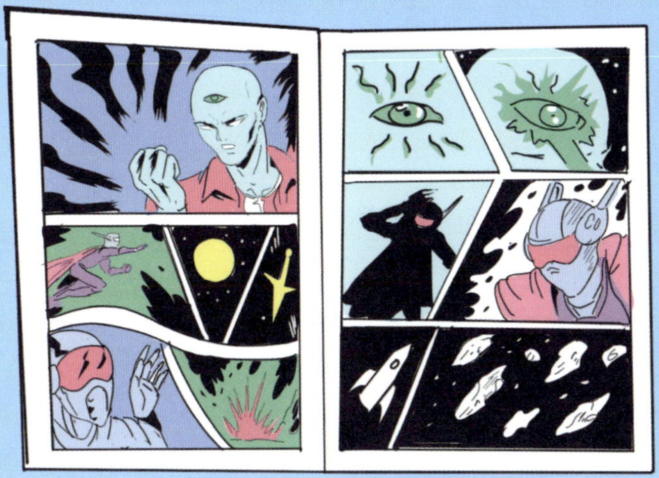

In französischen Graphic Novels sind die Panels in **vier Strips** angeordnet, und es gibt normalerweise **acht oder zwölf Panels** pro Seite.

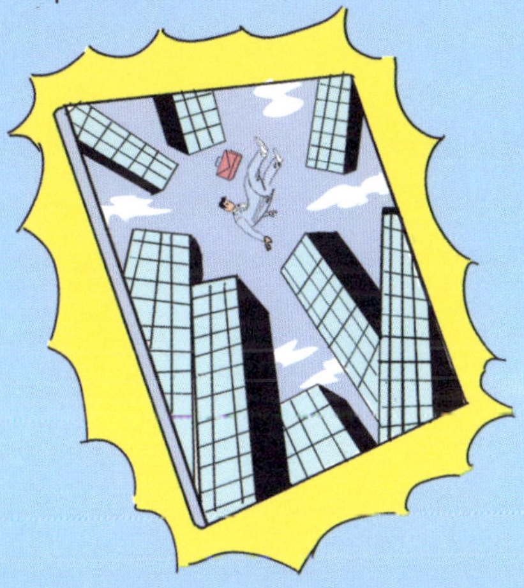

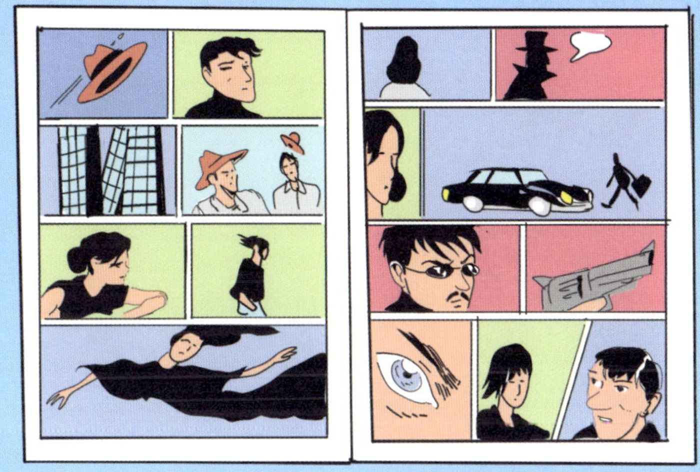

Im **japanischen Manga** ist die Seite kleiner und hat ein Taschenbuchformat. Die Seiten sind in **zwei oder drei Strips** unterteilt, und es gibt zwischen **drei und sechs Panels** pro Seite.

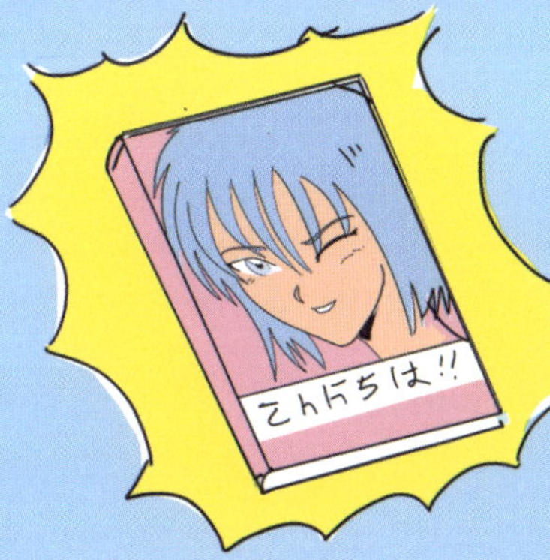

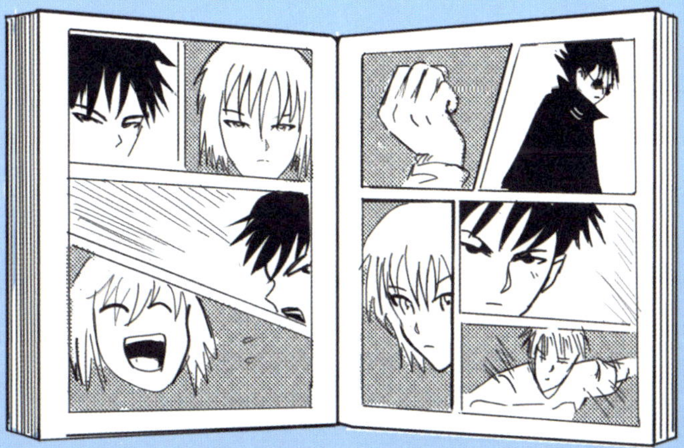

LAYOUT-STIL FÜR DIE PANELS

Jede Seite einer Graphic Novel besteht aus Illustrationen und Text, die in **Panels** angeordnet sind. Die Größe und Anzahl der Panels auf einer Seite bestimmen das **Tempo** der Erzählung. Sogar der Leerraum zwischen den Panels kann das Tempo und den Rhythmus deiner Geschichte beeinflussen.

Das Tempo einer Graphic Novel hängt von der Geschwindigkeit ab, mit der wir den Text lesen und die Zeichnungen entziffern. Wenn zum Beispiel eine dynamische Kampfszene gezeigt wird, ist es wichtig, nicht zu viele Worte zu verwenden, denn die würden die Handlung verlangsamen.

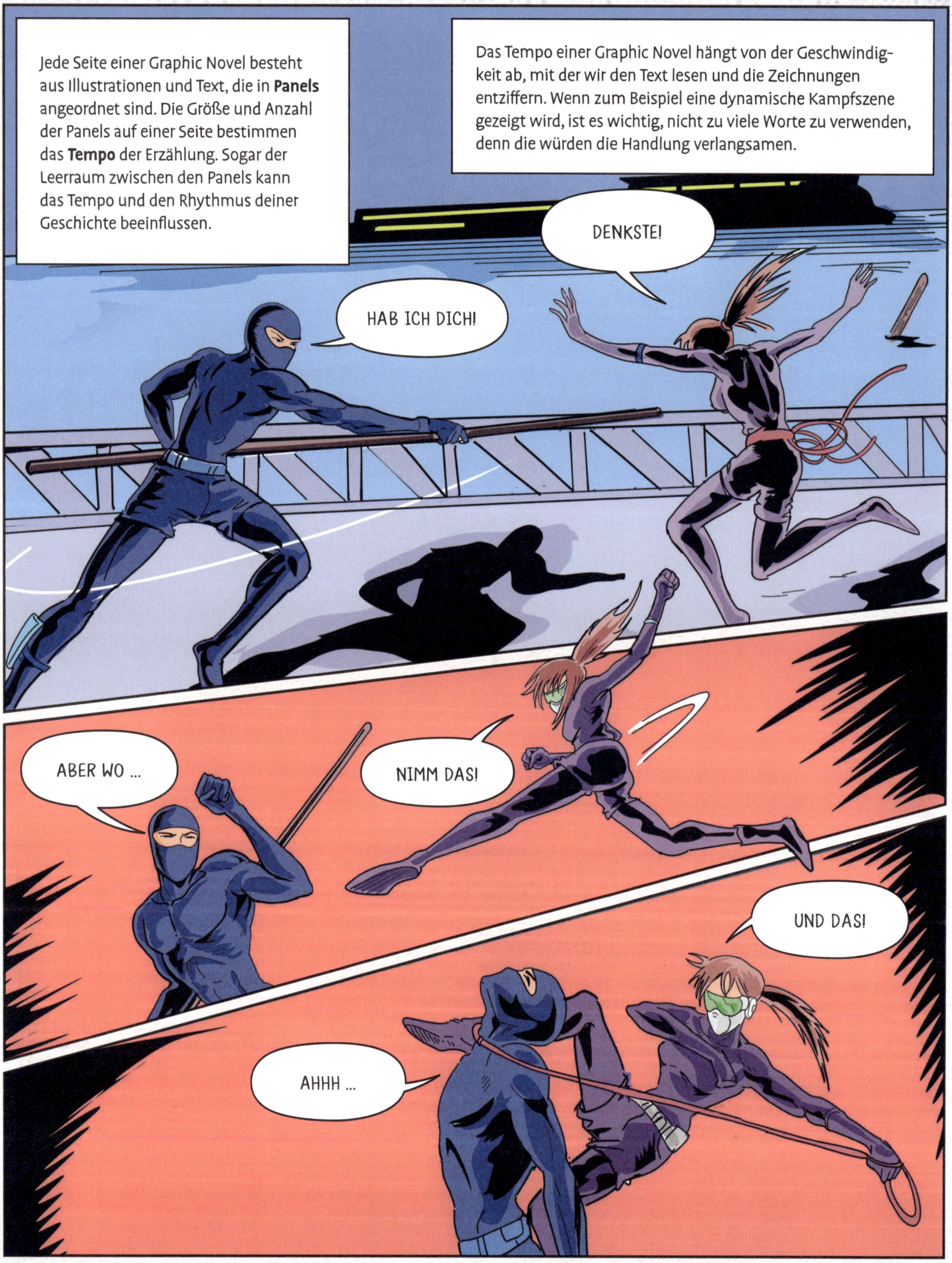

Wenn du Figuren in ein Panel zeichnest musst du berücksichtigen, wie viel Platz für die **Sprechblasen** benötigt wird, die den Dialog der Figuren enthalten.

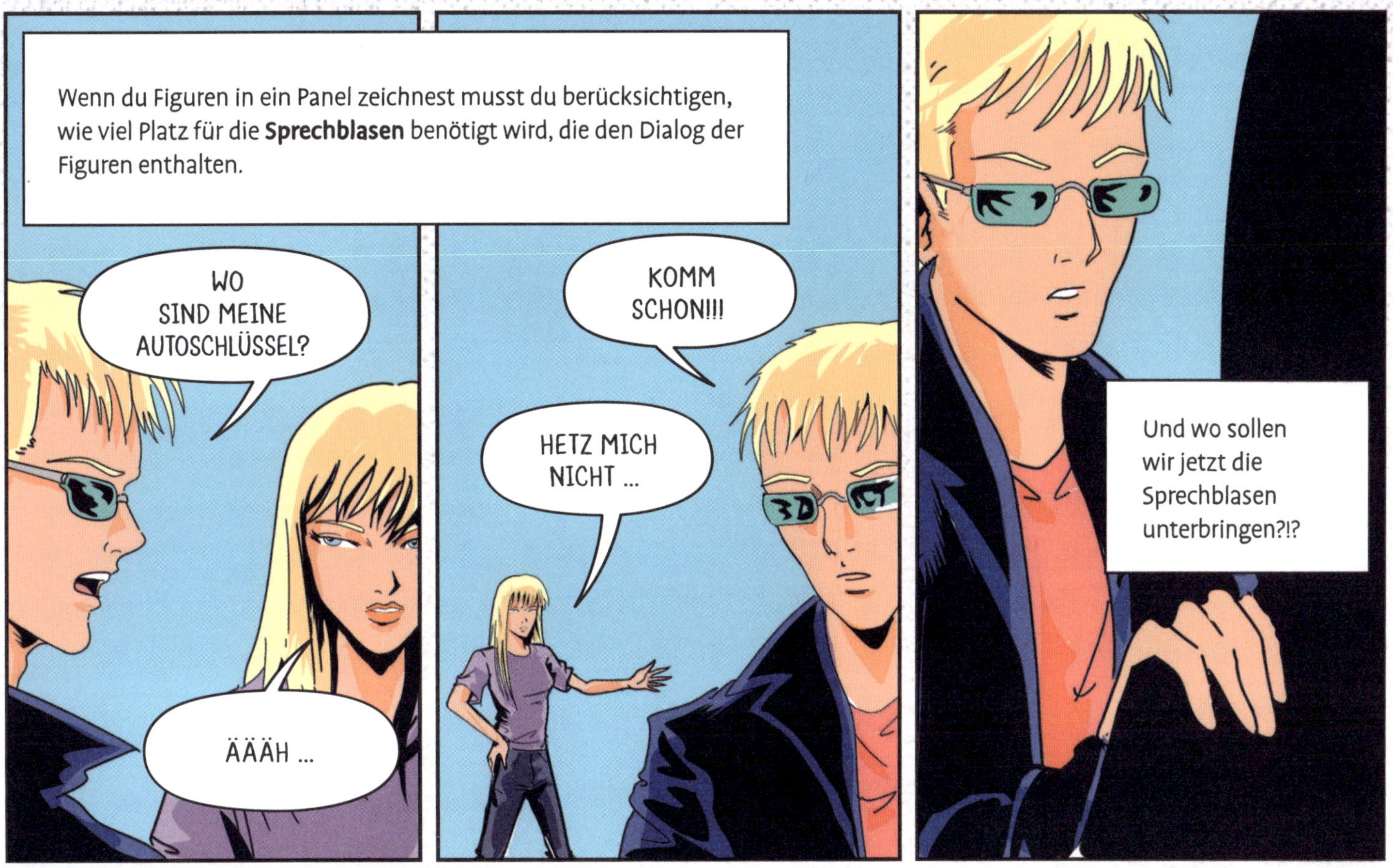

Um einen anderen Rhythmus zu erzeugen, kann es sinnvoll sein, das Panel ohne Rand zu zeichnen.

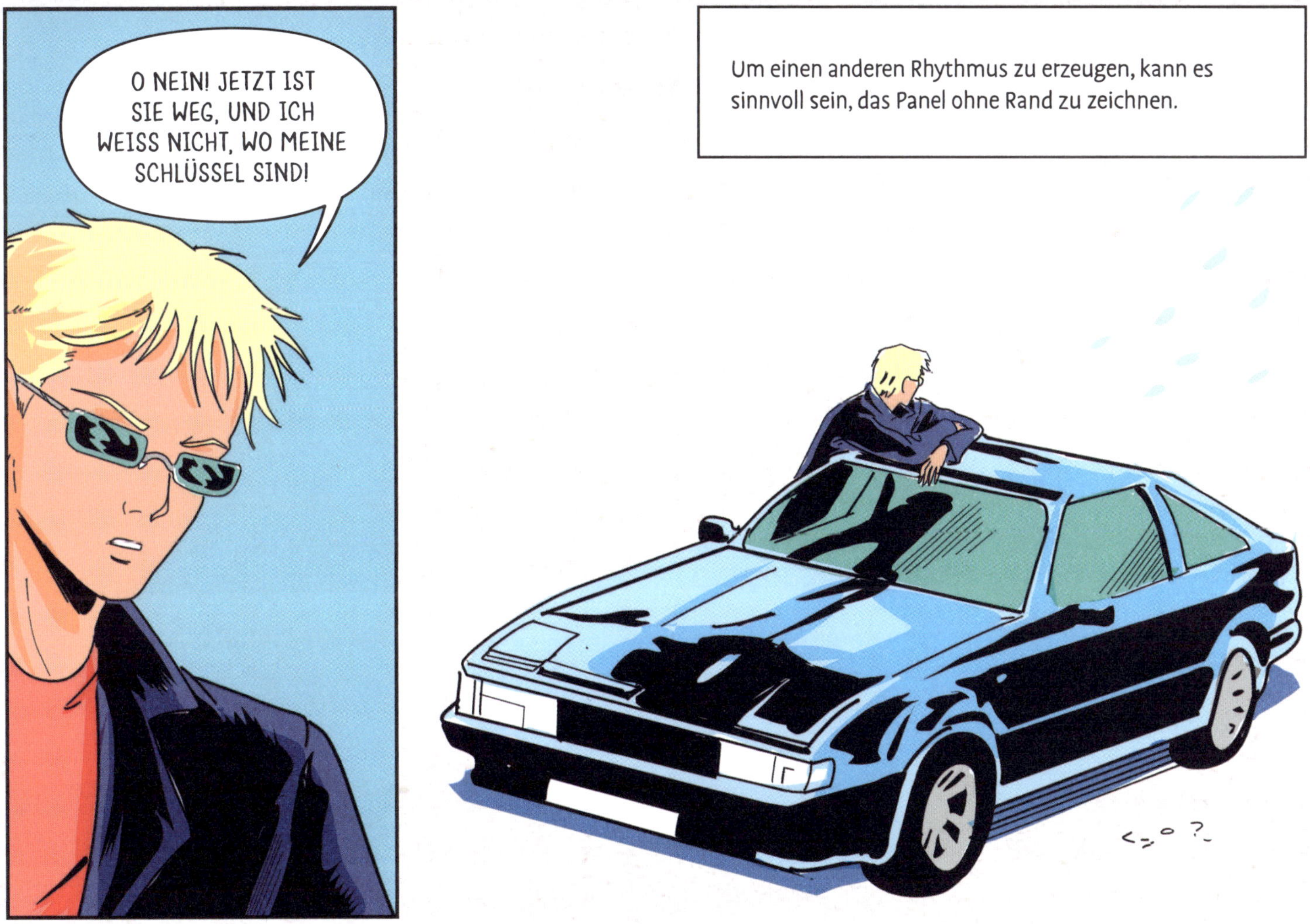

LAYOUT-STIL FÜR DIE SPRECHBLASEN

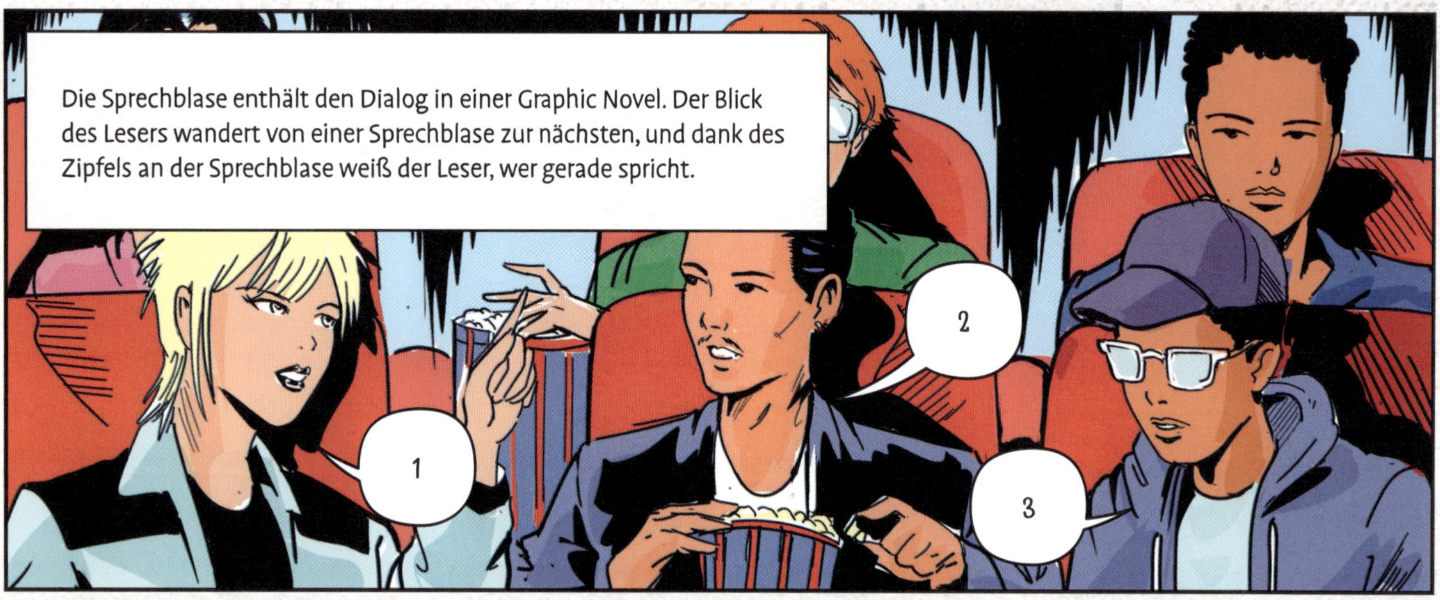

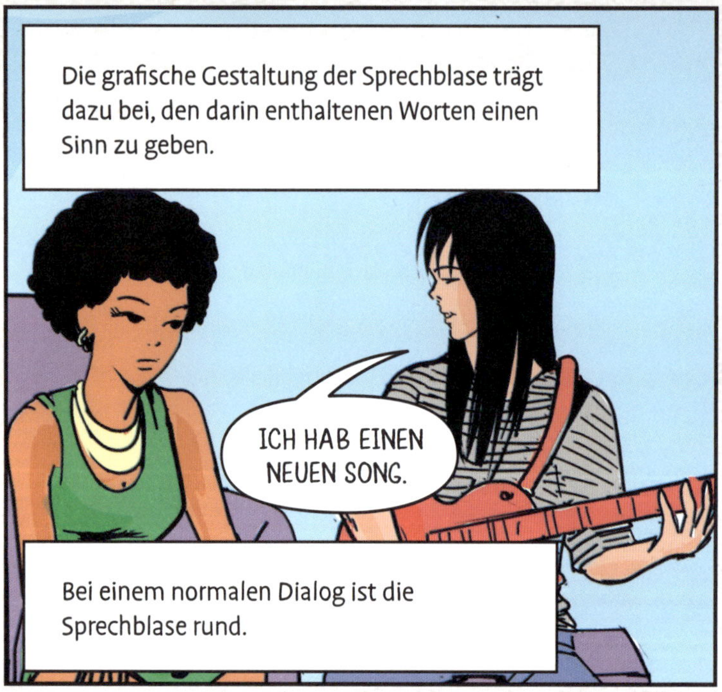

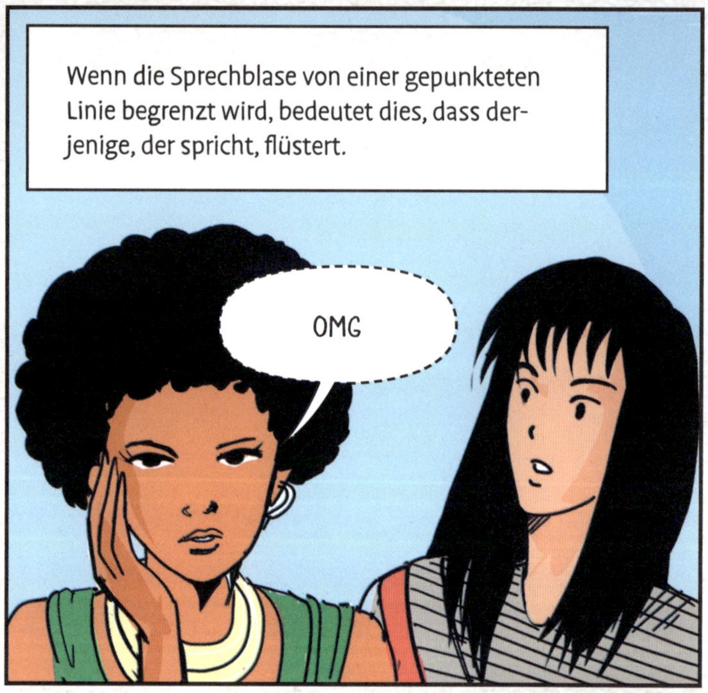

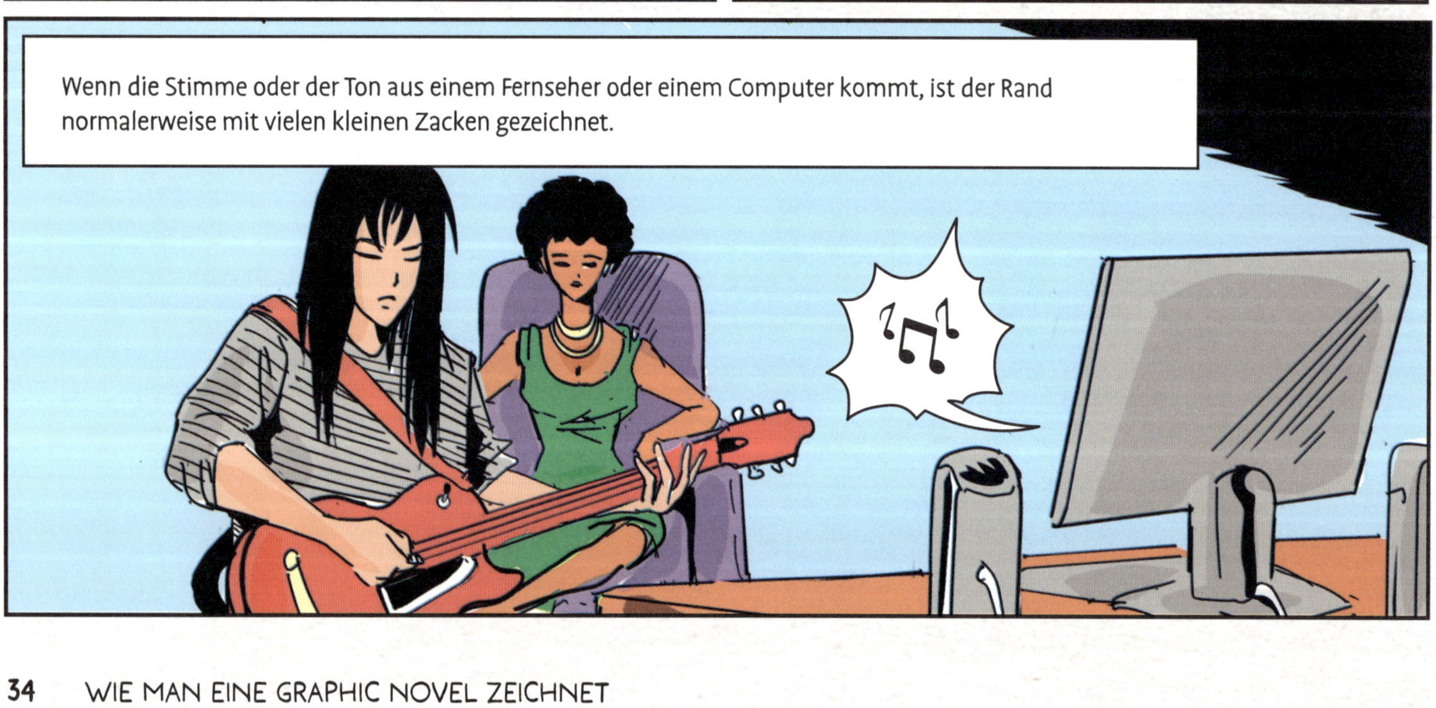

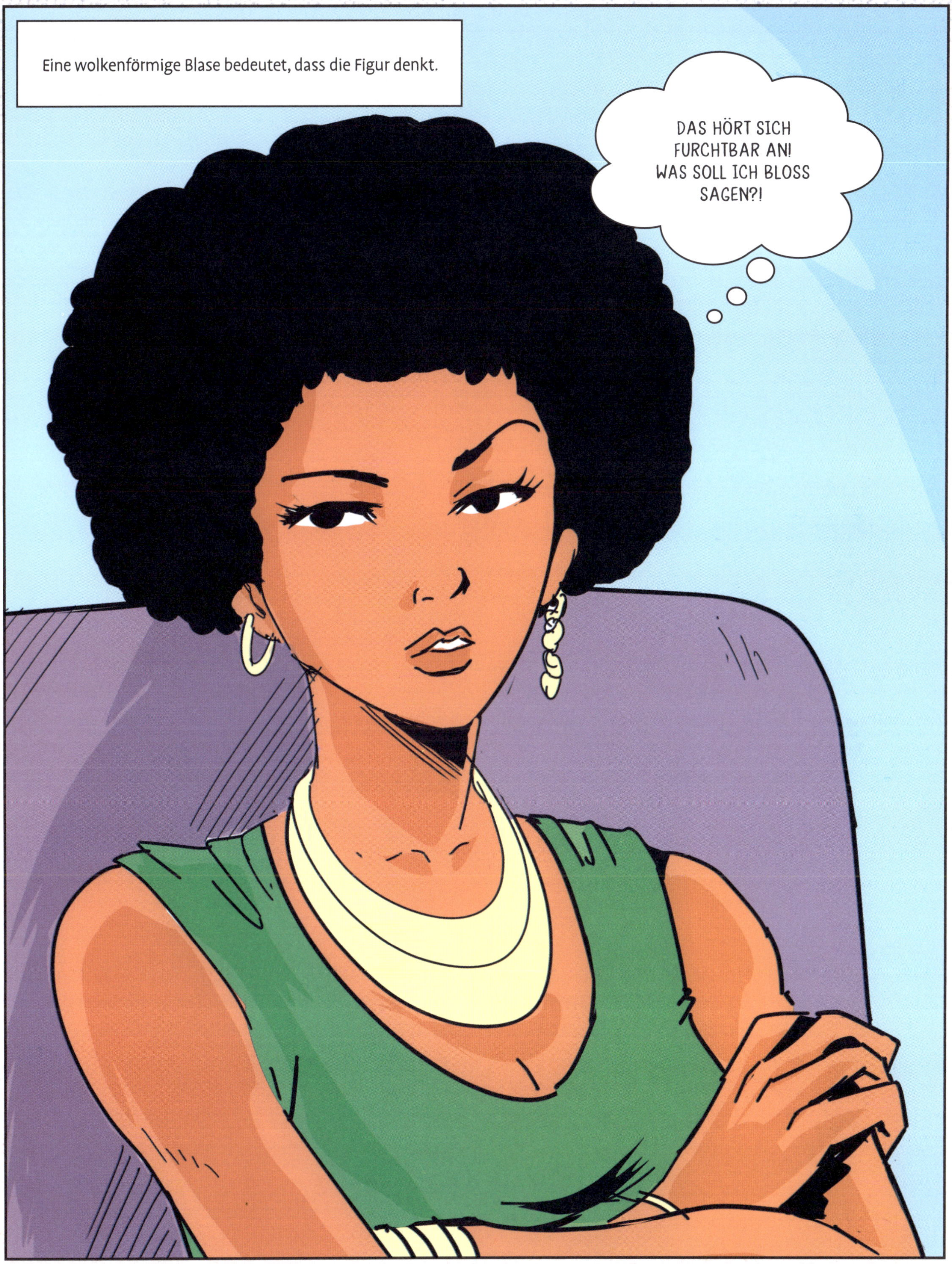
Eine wolkenförmige Blase bedeutet, dass die Figur denkt.
DAS HÖRT SICH FURCHTBAR AN! WAS SOLL ICH BLOSS SAGEN?!

ENTWICKLE DEINE EIGENE SCHRIFT

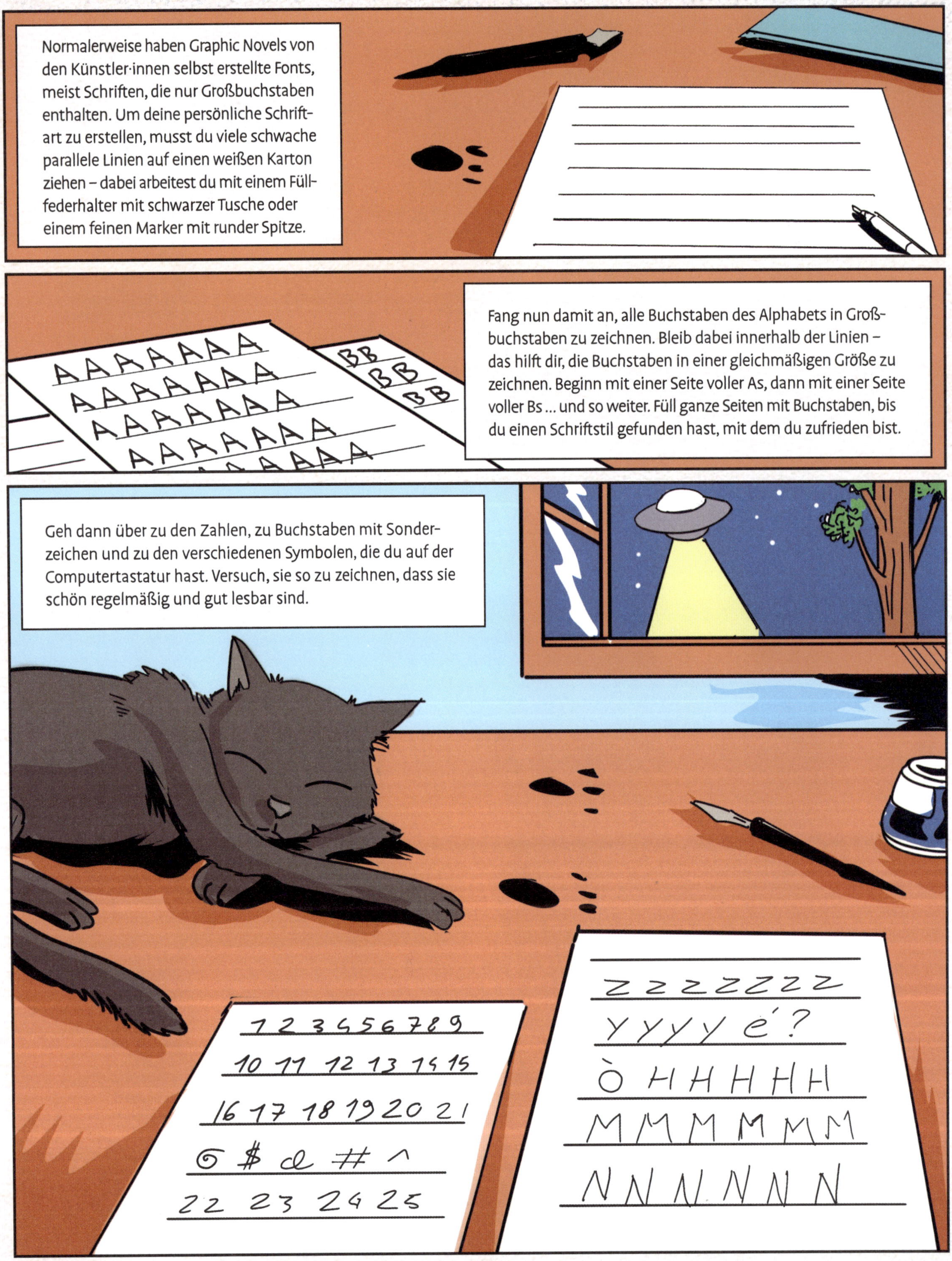

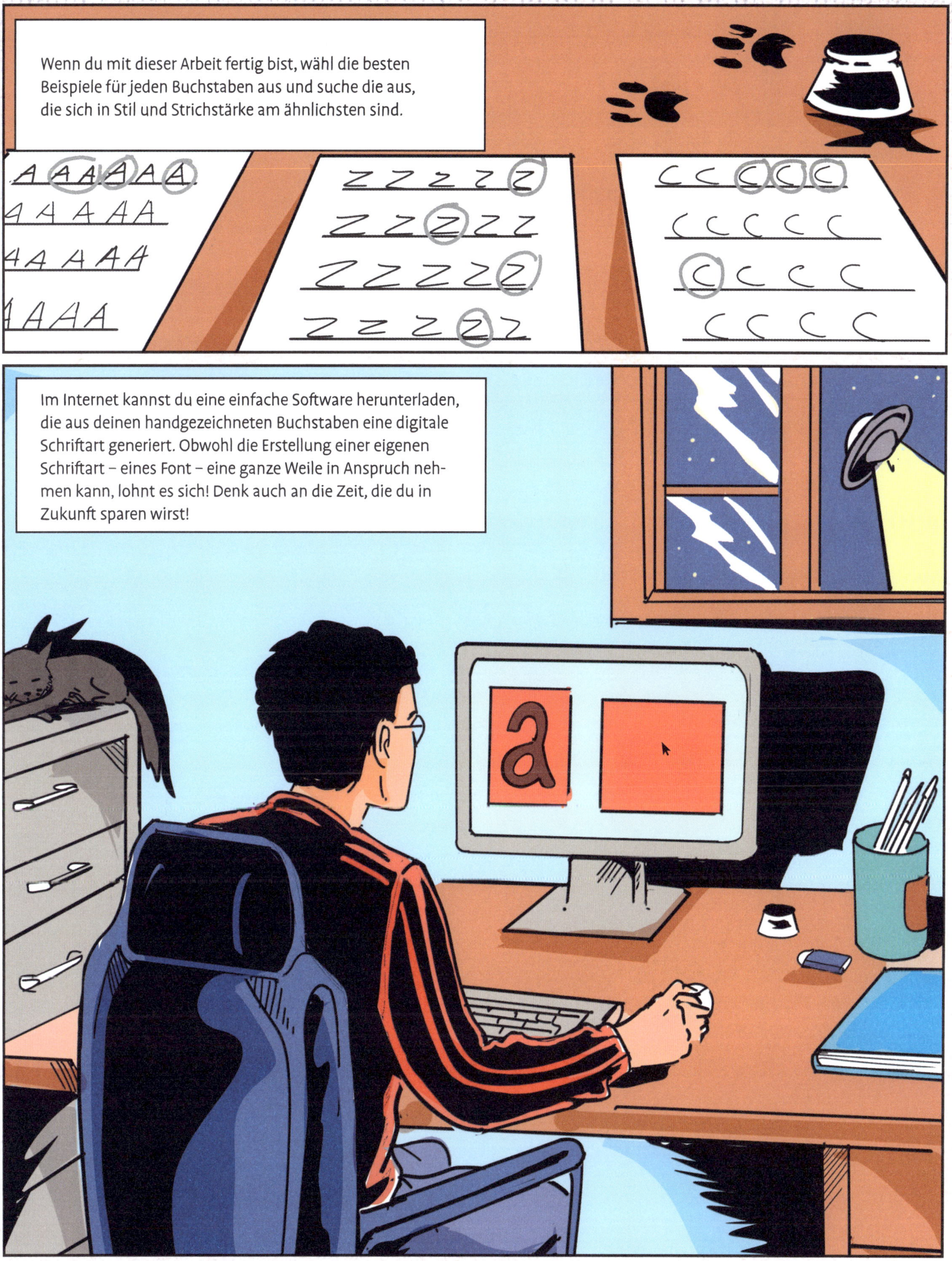
Wenn du mit dieser Arbeit fertig bist, wähl die besten Beispiele für jeden Buchstaben aus und suche die aus, die sich in Stil und Strichstärke am ähnlichsten sind.
Im Internet kannst du eine einfache Software herunterladen, die aus deinen handgezeichneten Buchstaben eine digitale Schriftart generiert. Obwohl die Erstellung einer eigenen Schriftart – eines Font – eine ganze Weile in Anspruch nehmen kann, lohnt es sich! Denk auch an die Zeit, die du in Zukunft sparen wirst!

LOSLEGEN

Jetzt, nachdem du die Grundlagen gelernt hast, ist es an der Zeit, einen **PROFESSIONELLEN GRAPHIC NOVELIST** kennenzulernen: **OTTO GABOS.** Otto unterrichtet Comics an einer der ältesten und renommiertesten Kunsthochschulen in Europa und hat dieses Kapitel geschrieben und gezeichnet. Er wird uns die für einen Graphic-Novel-Künstler **ESSENZIELLEN WERKZEUGE** vorstellen sowie einige **WICHTIGE TRICKS** des Handwerks, bevor wir uns an Zeichenübungen heranwagen.

ANALOGE WERKZEUGE

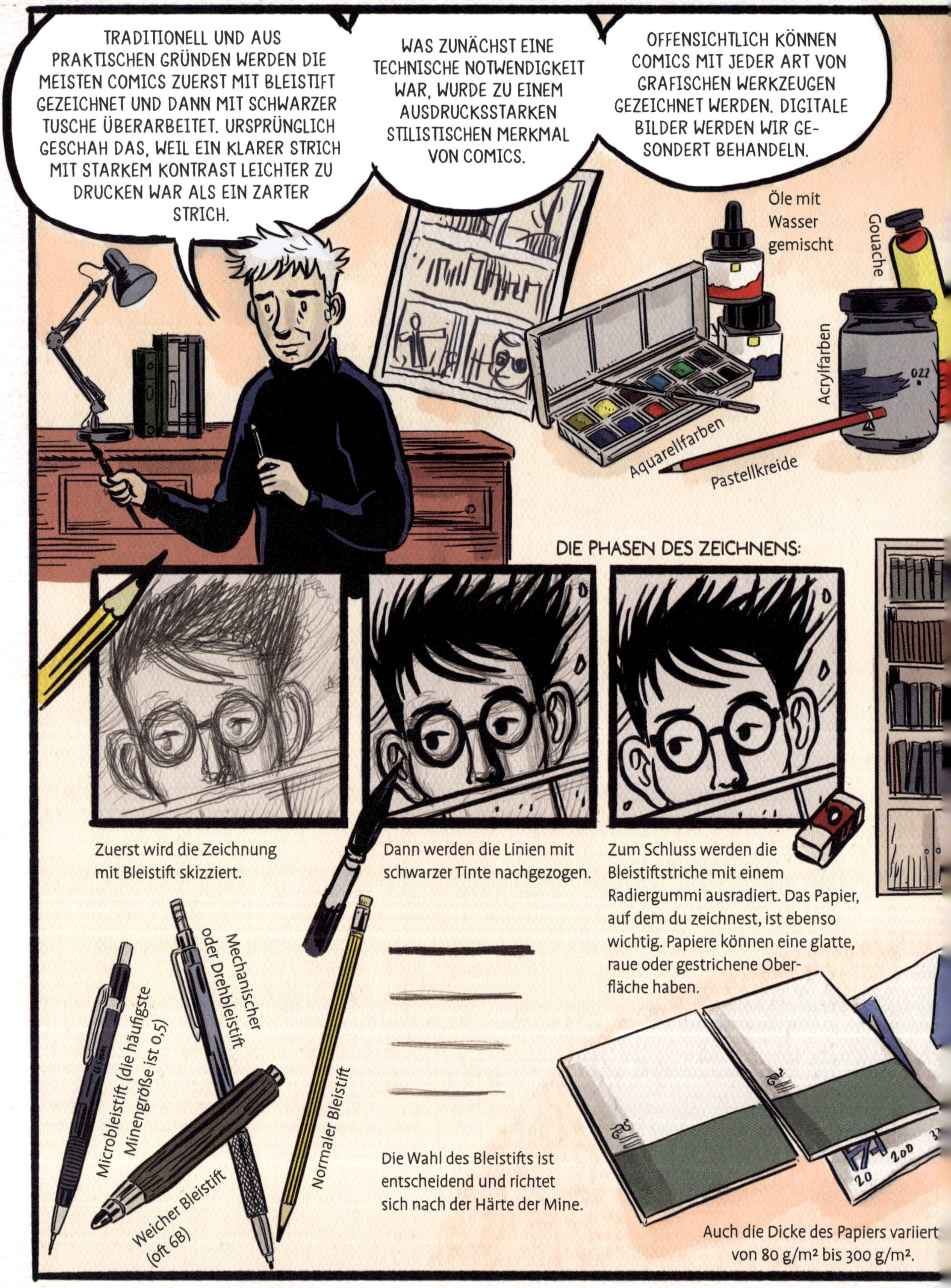

ür die Phase des Überarbeitens der Zeichnung, das „Inking", gibt es eine breite Palette von Werkzeugen:

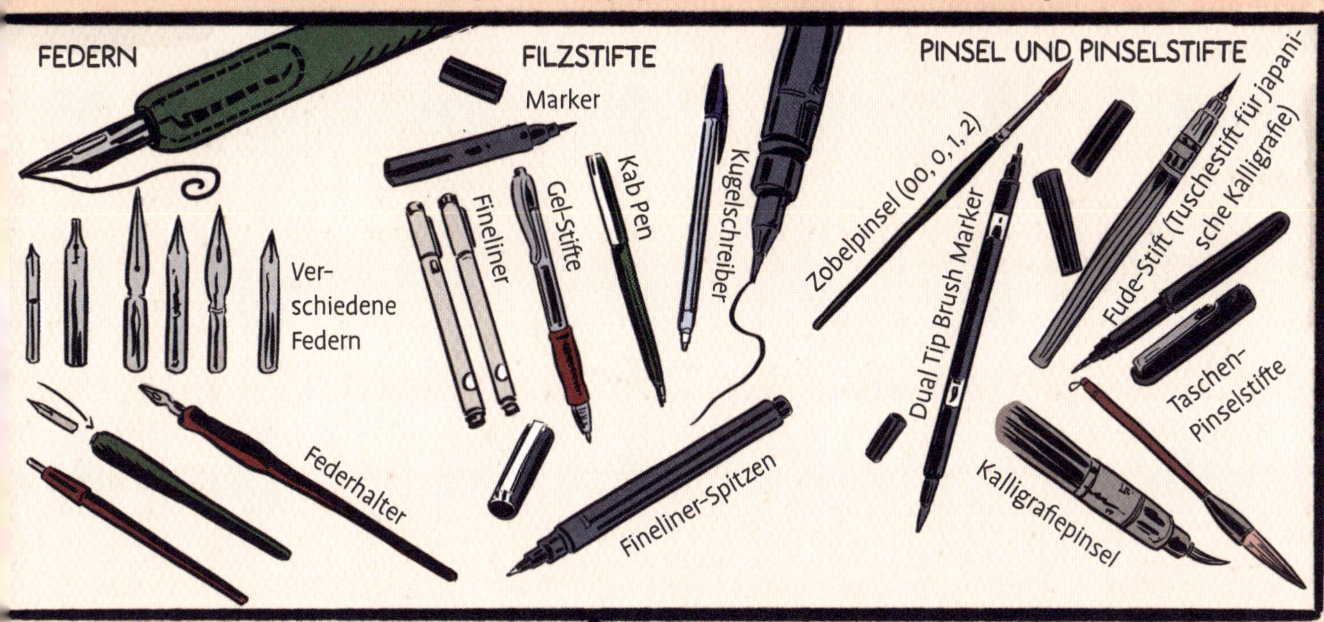

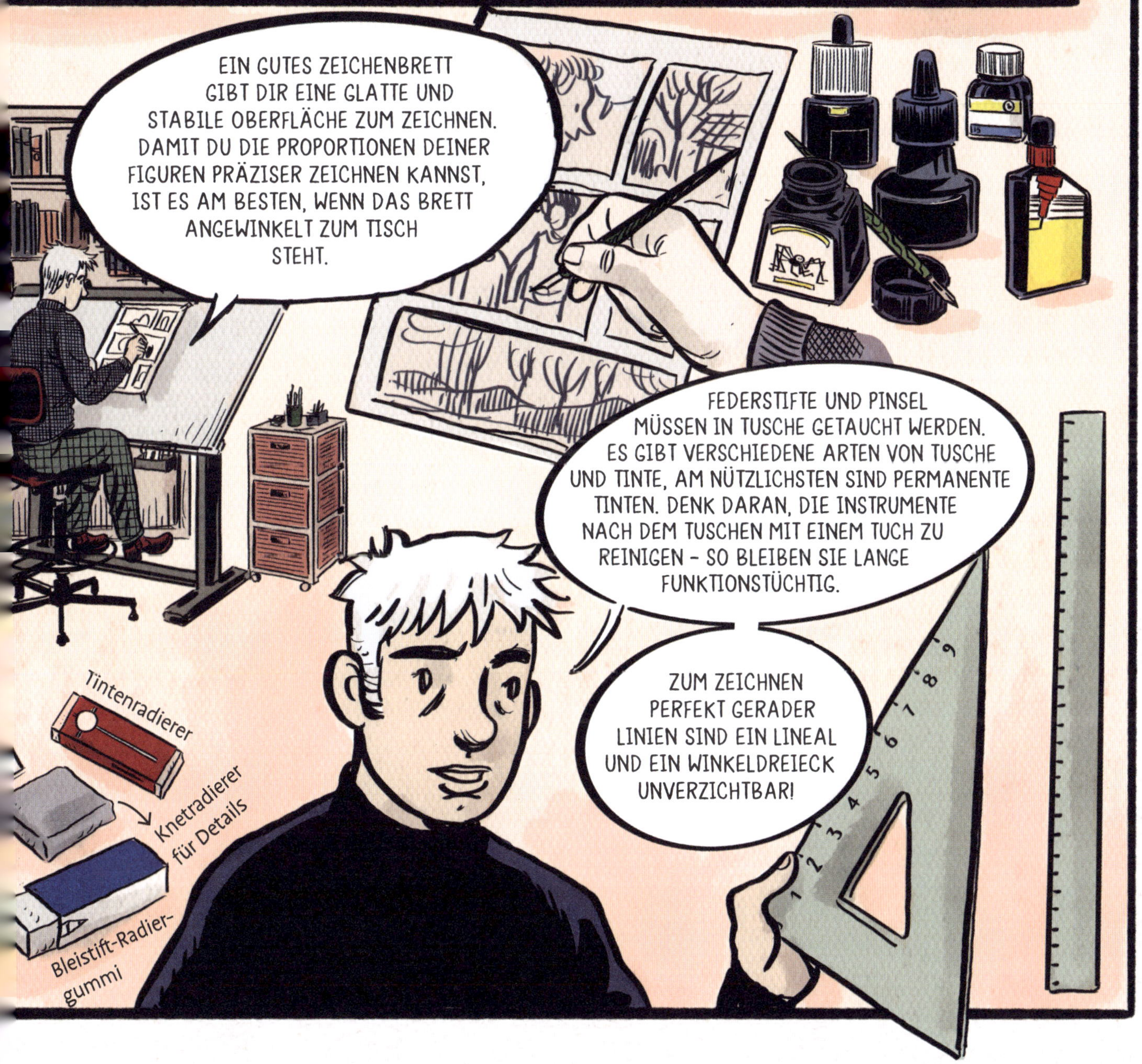

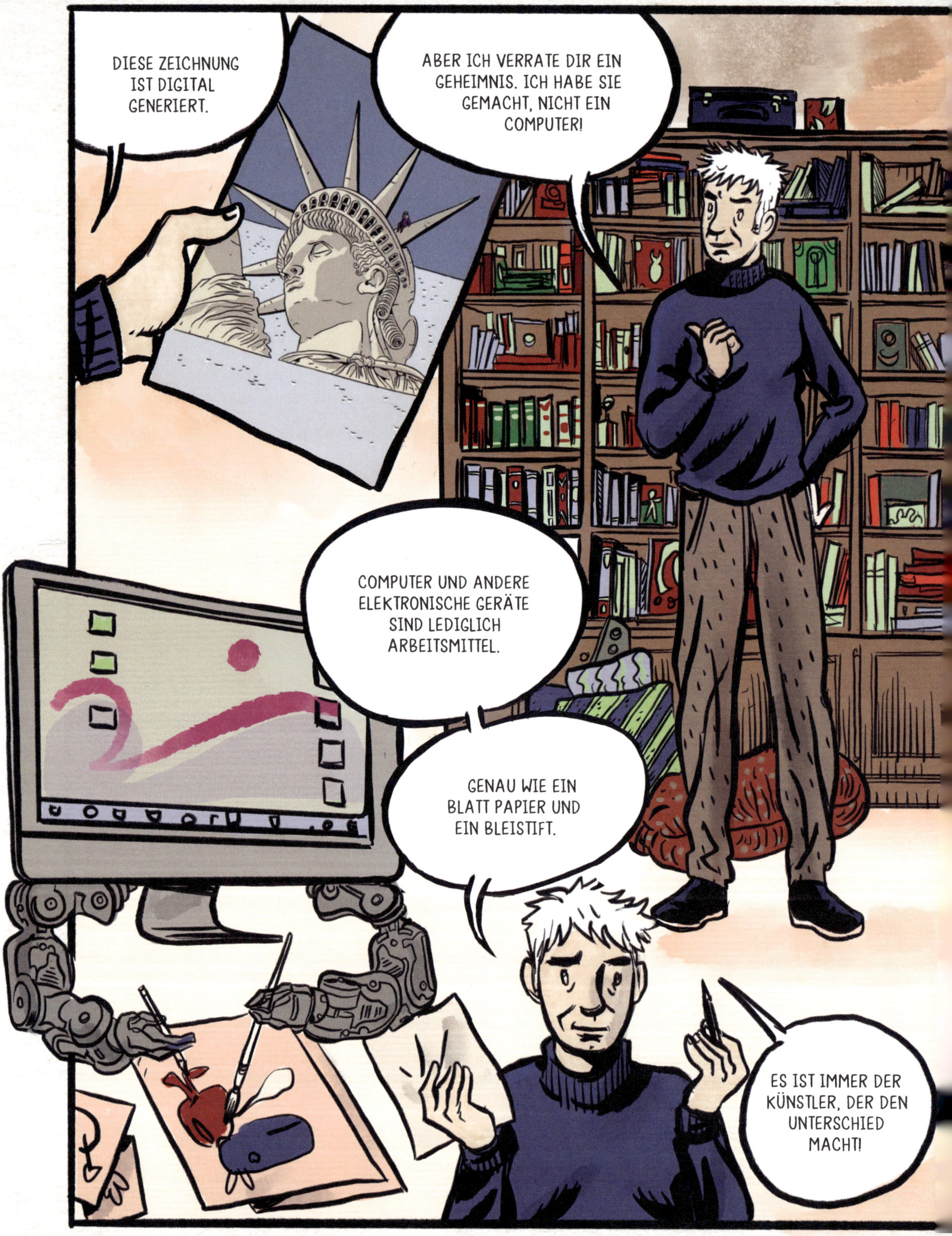
DIESE ZEICHNUNG IST DIGITAL GENERIERT.
ABER ICH VERRATE DIR EIN GEHEIMNIS. ICH HABE SIE GEMACHT, NICHT EIN COMPUTER!
COMPUTER UND ANDERE ELEKTRONISCHE GERÄTE SIND LEDIGLICH ARBEITSMITTEL.
GENAU WIE EIN BLATT PAPIER UND EIN BLEISTIFT.
ES IST IMMER DER KÜNSTLER, DER DEN UNTERSCHIED MACHT!

GERÄTE

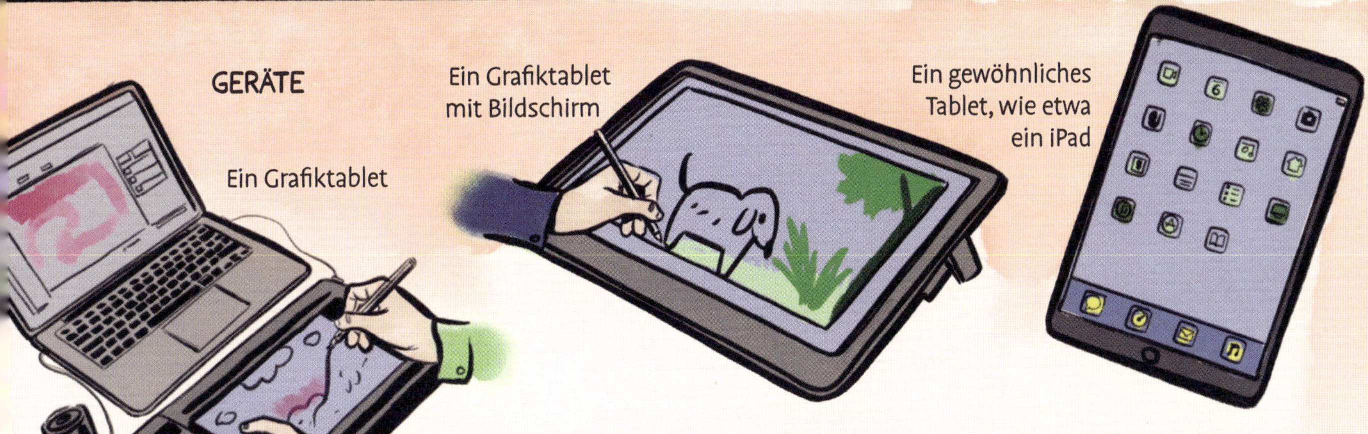

Es gibt eine Vielzahl verschiedener Geräte, mit denen du digital zeichnen kannst, von ganz einfachen Modellen für Amateure bis hin zu anspruchsvolleren Modellen für Profis. Praktisch gesehen sind diese Tablets dein Blatt Papier.

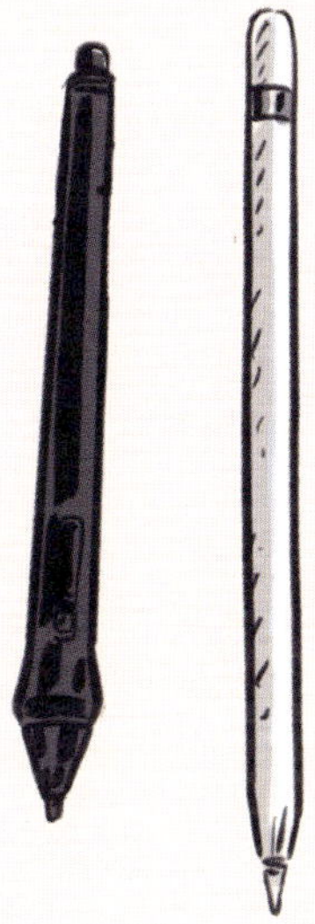

STYLUS PEN

Ein Stylus Pen ist dein digitaler Bleistift oder Pinsel oder deine Feder. Such nach einem Stift mit präziser Druckempfindlichkeit, sprich, je fester du drückst, desto dunkler oder dicker sollte die Linie erscheinen. Außerdem ist es wichtig, dass es kaum eine oder keine zeitliche Verzögerung gibt zwischen deiner Handbewegung und dem Strich, den du ziehst.

PROGRAMME

Es gibt viele Programme und Apps, die speziell für das Zeichnen von Graphic Novels entwickelt wurden. Sie bieten digitale „Pinsel", die verschiedene Techniken nachbilden, von Aquarell- und Acrylfarben bis hin zu Pastellkreiden. Es gibt auch Werkzeuge zum perspektivischen Zeichnen und zum Erstellen von Schriften.

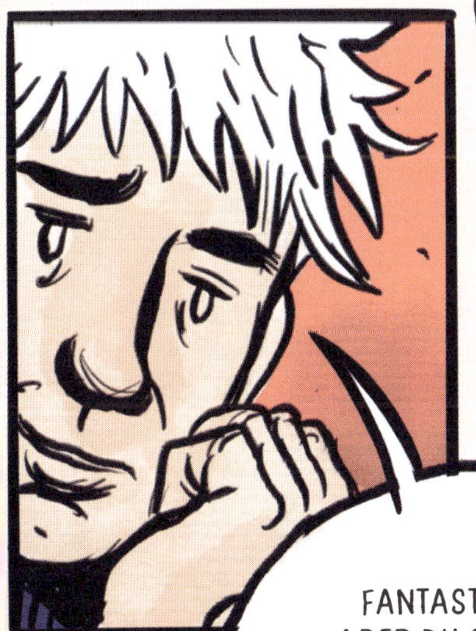

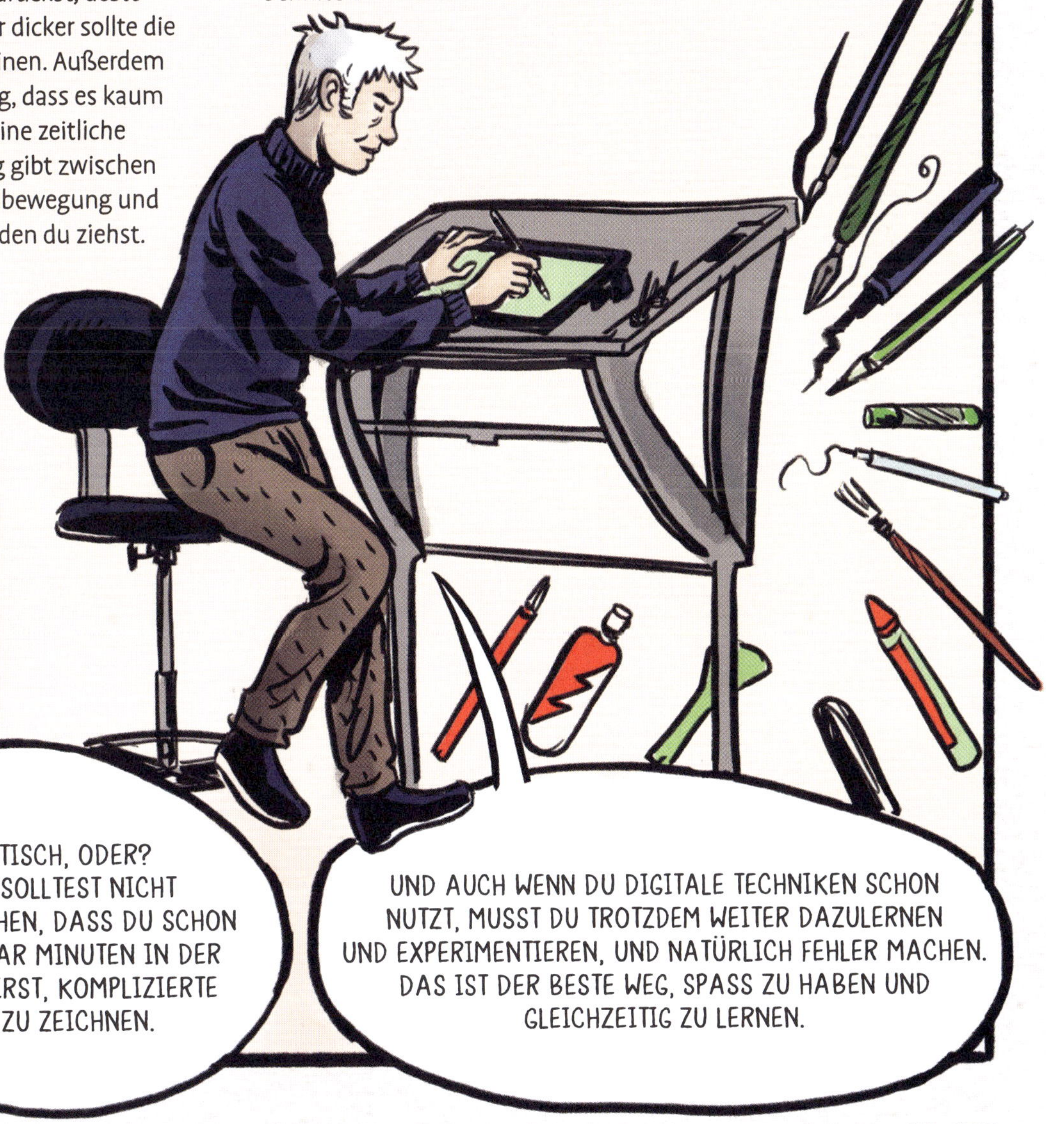

EINE MISCHUNG AUS BEIDEN

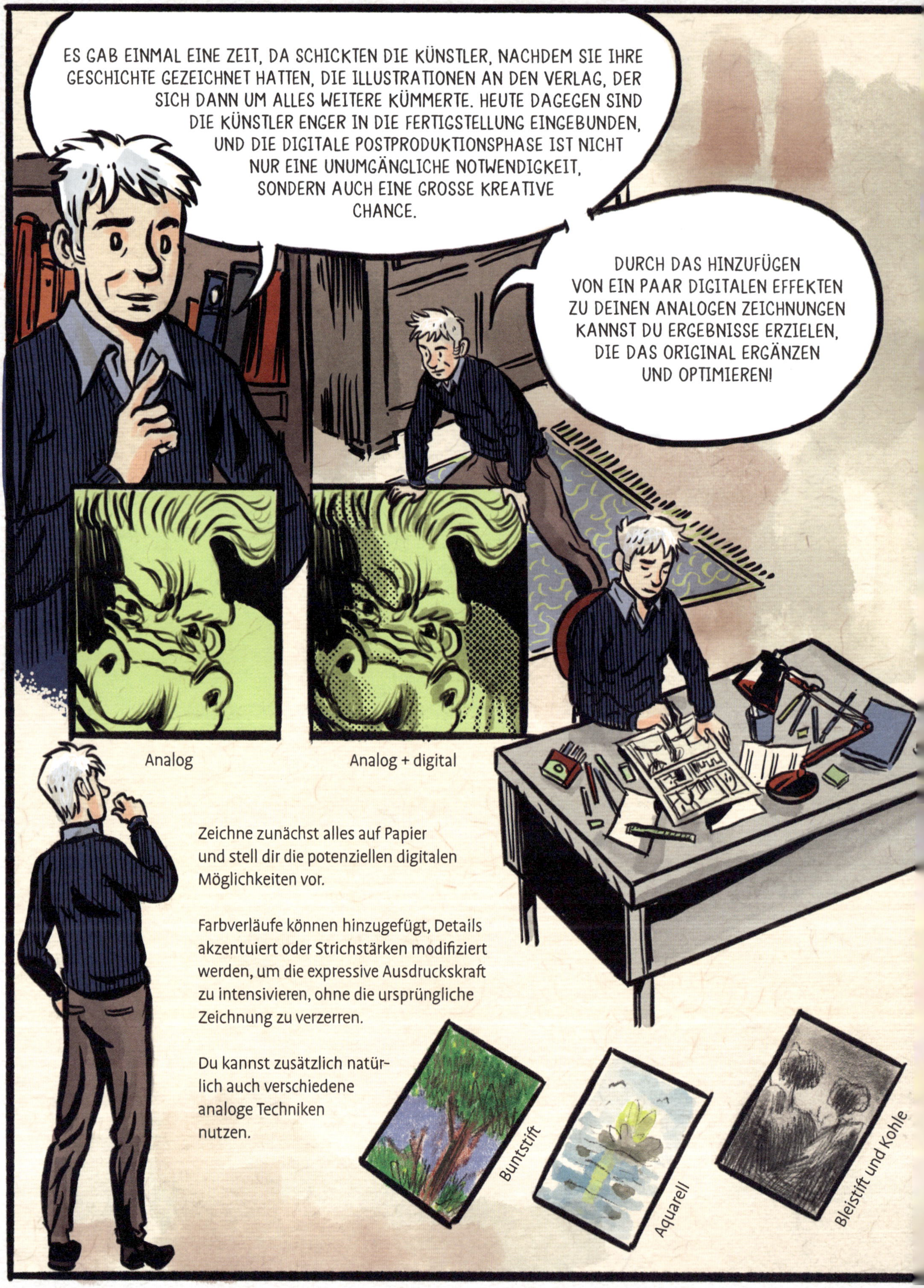

Zeichne zunächst alles auf Papier und stell dir die potenziellen digitalen Möglichkeiten vor.

Farbverläufe können hinzugefügt, Details akzentuiert oder Strichstärken modifiziert werden, um die expressive Ausdruckskraft zu intensivieren, ohne die ursprüngliche Zeichnung zu verzerren.

Du kannst zusätzlich natürlich auch verschiedene analoge Techniken nutzen.

Scanne deine analogen Bilder in hoher Auflösung ein und bearbeite sie digital, indem du sie „putzt“, Details ausbesserst oder sogar größere Änderungen vornimmst, bis du dein gewünschtes Ergebnis hast.

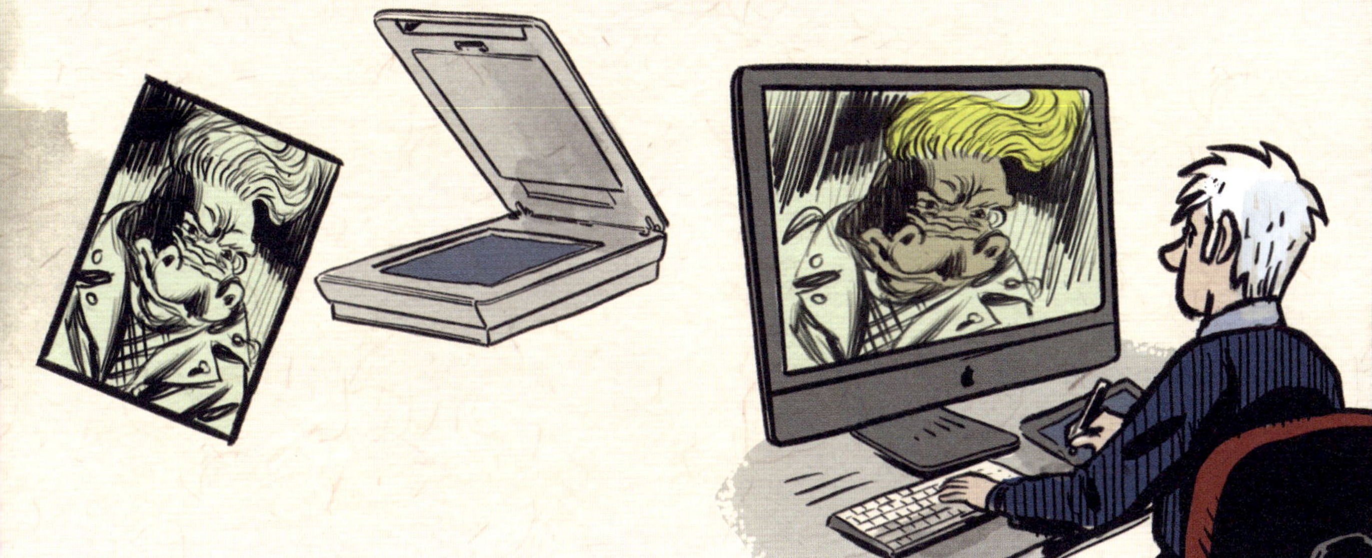

Der Zweck dieser gemischten Technik ist, das Beste aus traditionellen analogen und digitalen Werkzeugen herauszuholen und ein Original zu schaffen, das leicht für den Druck vorbereitet werden kann. Das Ziel ist, die perfekte Mischung zu erreichen, bei der es schwierig ist, zu unterscheiden, was analog gezeichnet wurde und was digital entstanden ist. Wenn du es richtig machst, entsteht ein wahres Wunder!

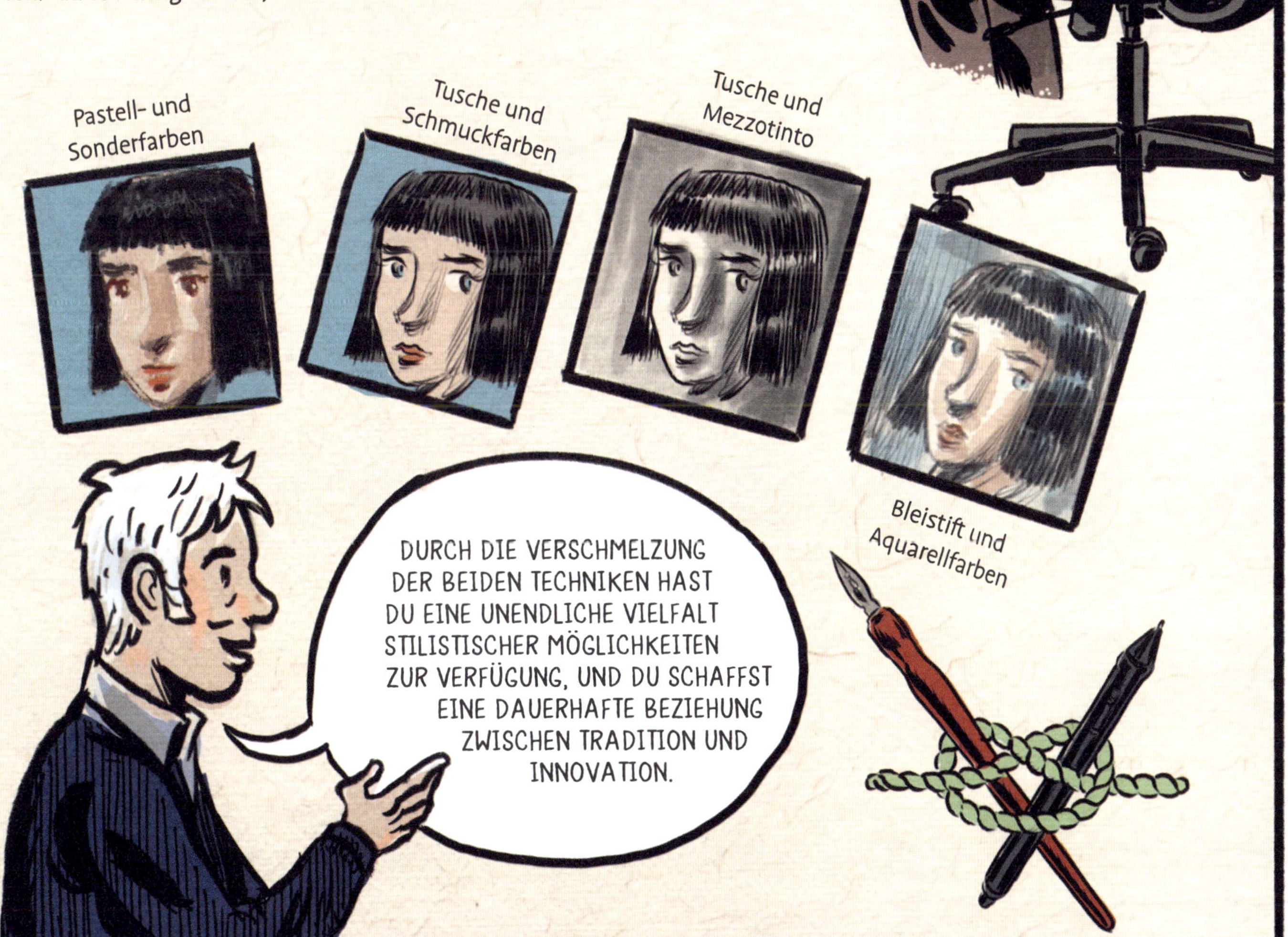

CHARAKTERDESIGN

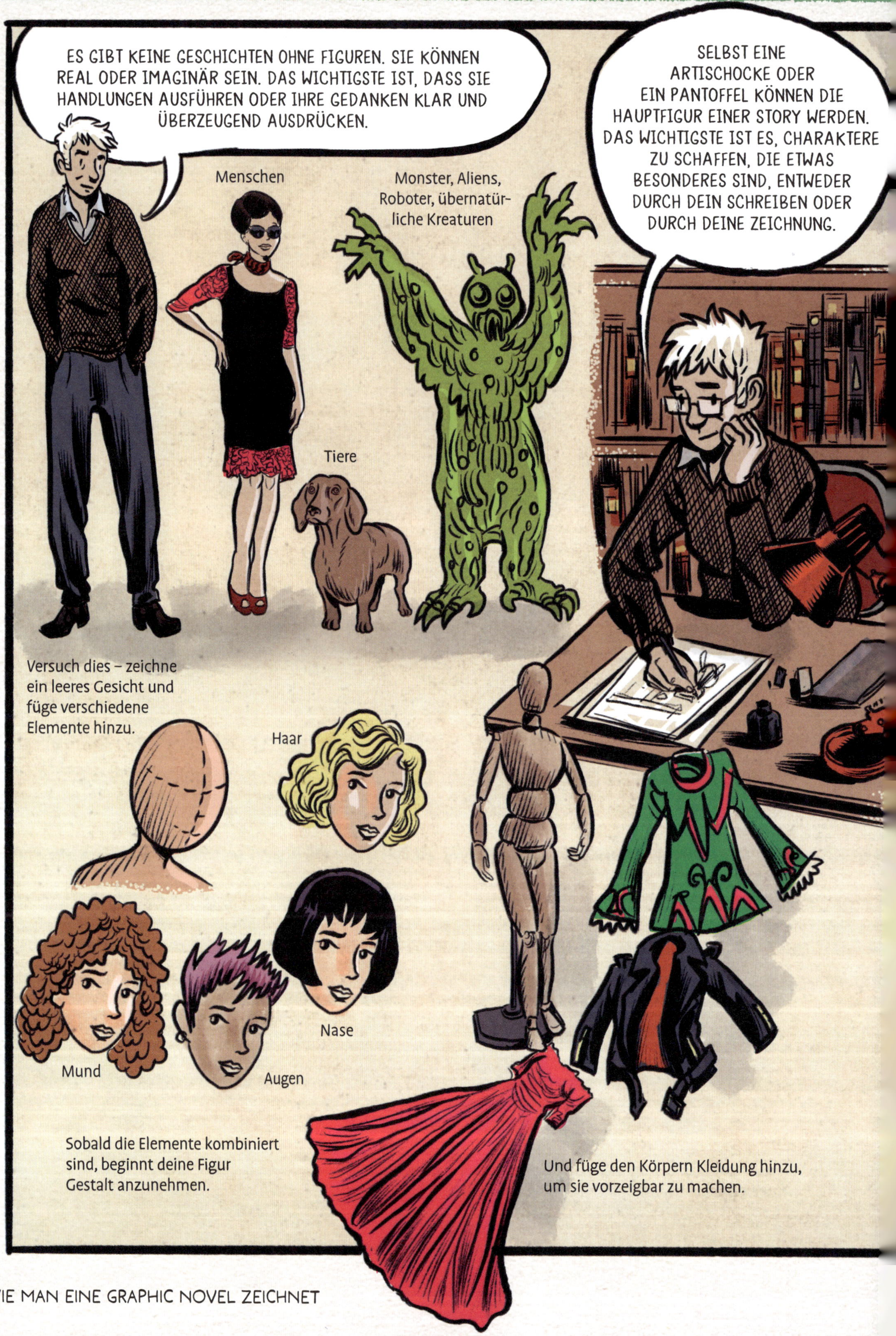

Doch um einen Charakter zu erschaffen, reicht es nicht aus, ihm ein Gesicht, einen Körper und ein paar Kleider zu geben. All diese Elemente müssen mit der Persönlichkeit verschmelzen, damit echte Charaktere entstehen, die bereit sind, die von der Handlung geforderten Rollen darzustellen. Du musst lange Zeit vieles ausprobieren, bis du die richtige Option gefunden hast.

Genau wie sich bei einem Schauspieler dasselbe Gesicht je nach Rolle verändert.

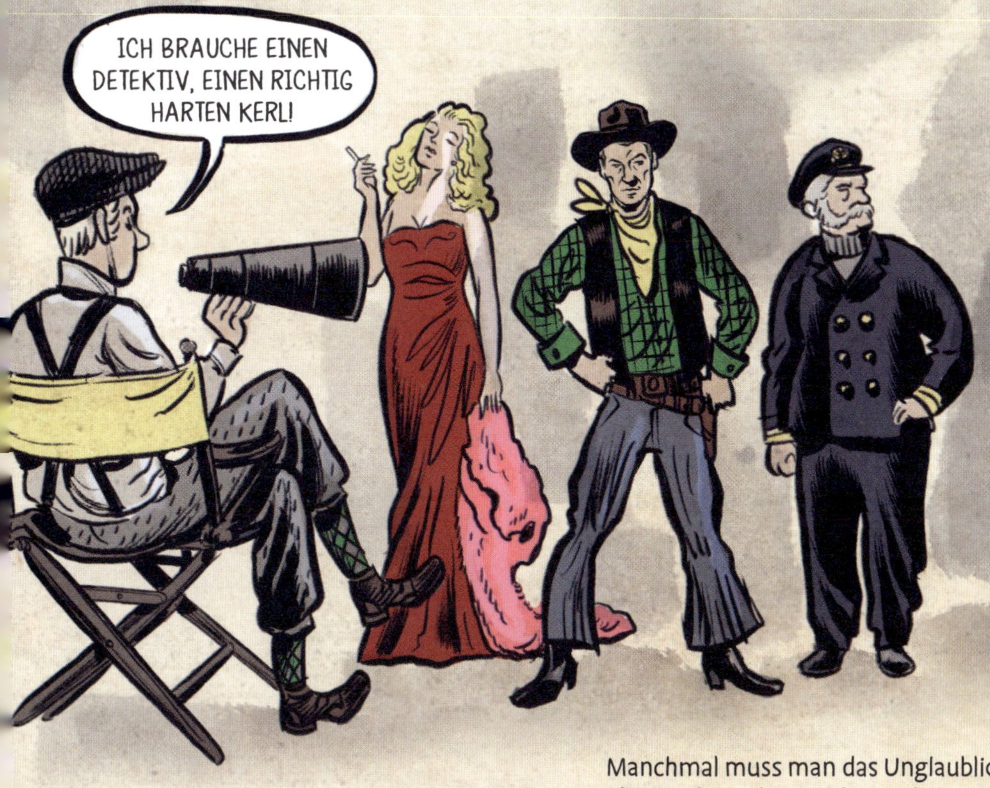

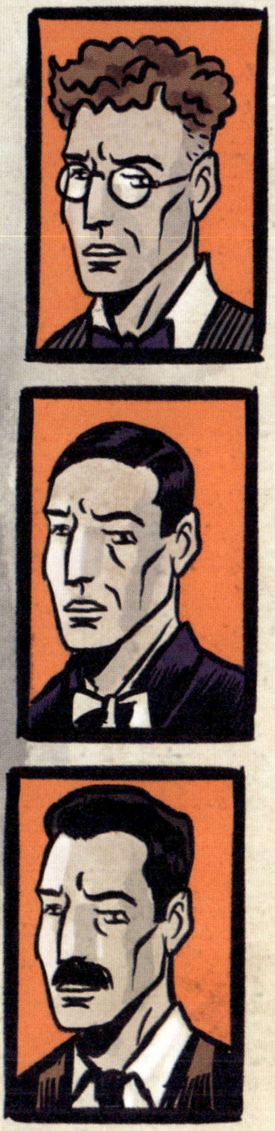

Manchmal muss man das Unglaubliche glaubhaft machen und umgekehrt. Was du hier siehst, ist ein Polizeiinspektor aus den 1930er Jahren, der hart und zynisch ist, aber auch eine romantische Seite hat.

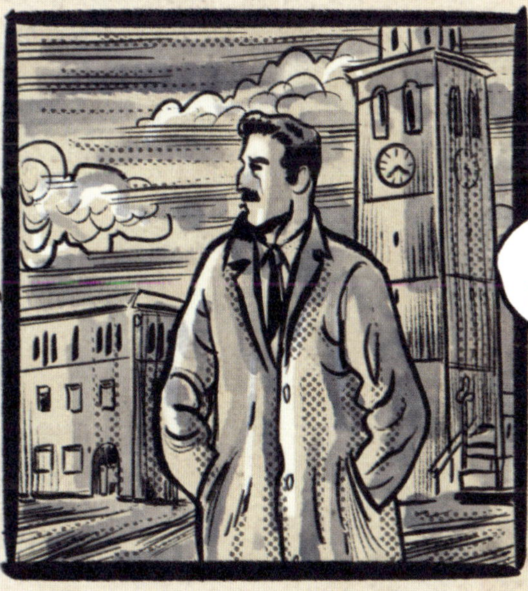

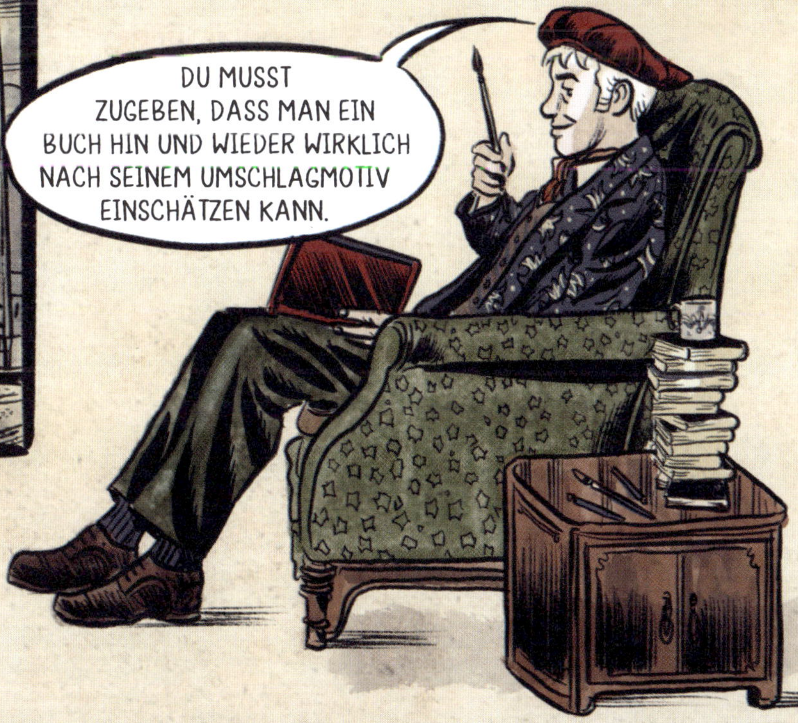

Anders als im Film, der auch von der Stimme eines Schauspielers profitiert, hängt eine Graphic Novel von der sofortigen Einschätzbarkeit einer Figur ab. Es ist ein Balanceakt zwischen unverwechselbaren Elementen.

TIPPS FÜR DAS ZEICHNEN VON FIGUREN

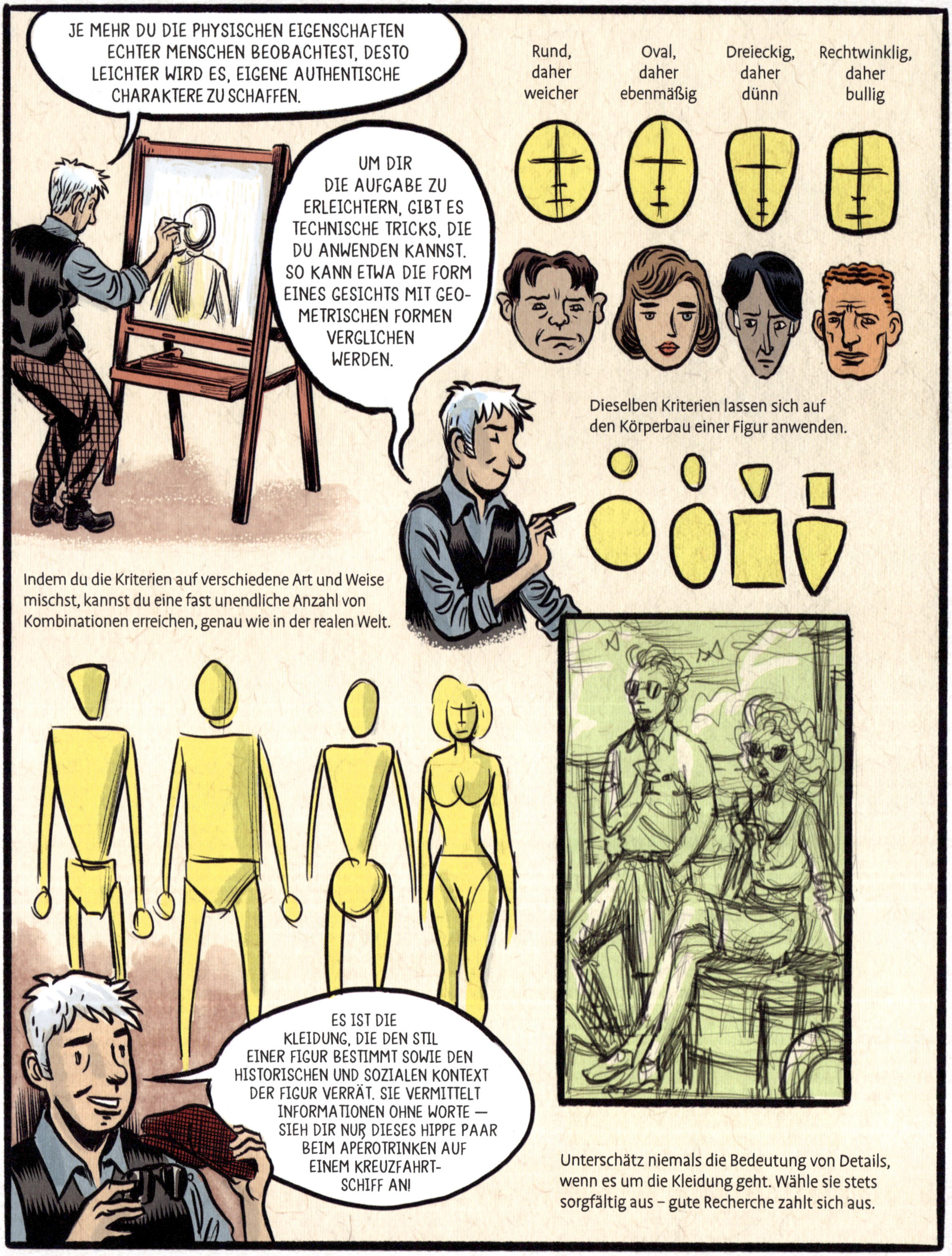

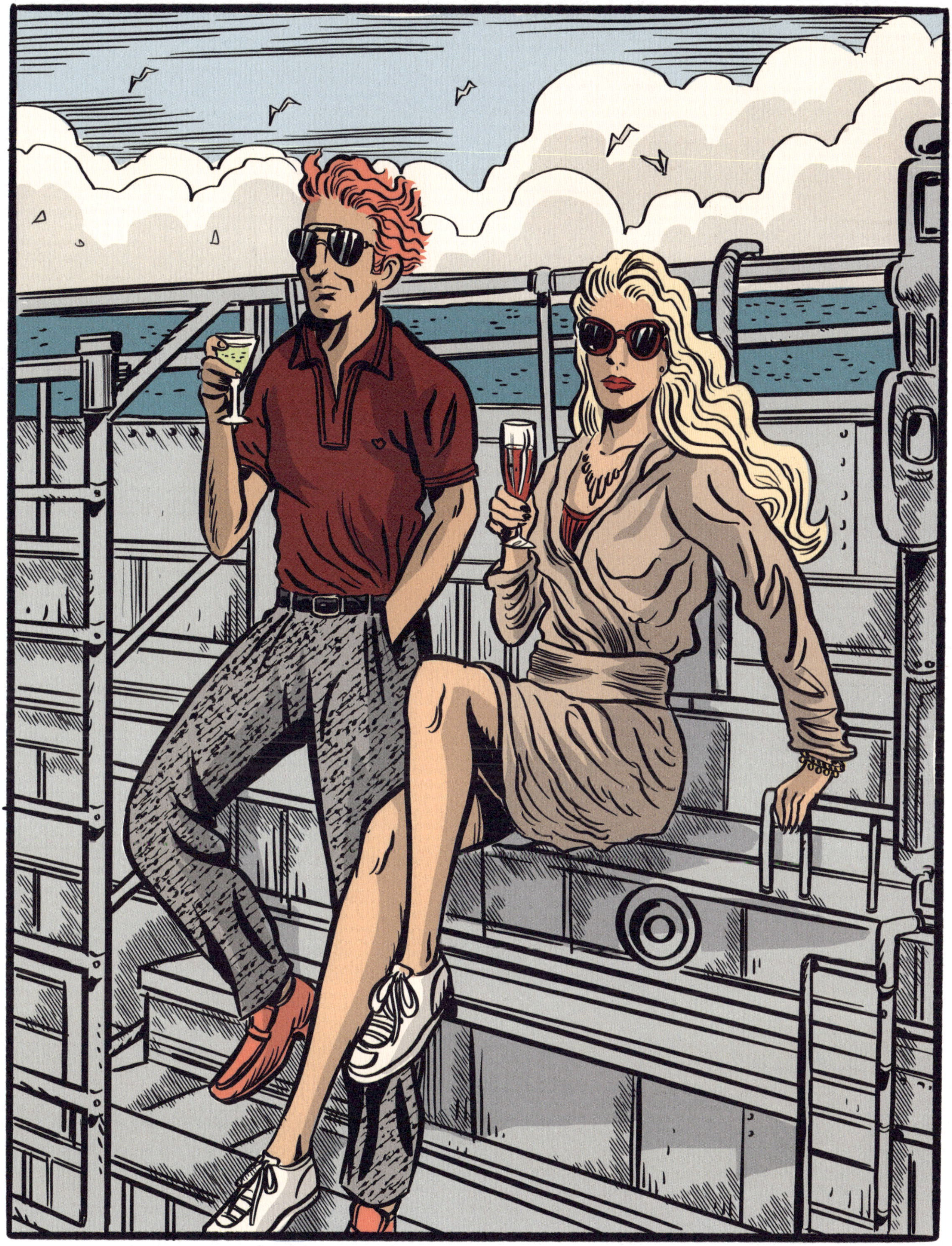

SETTING UND VORBEREITENDE ZEICHNUNGEN

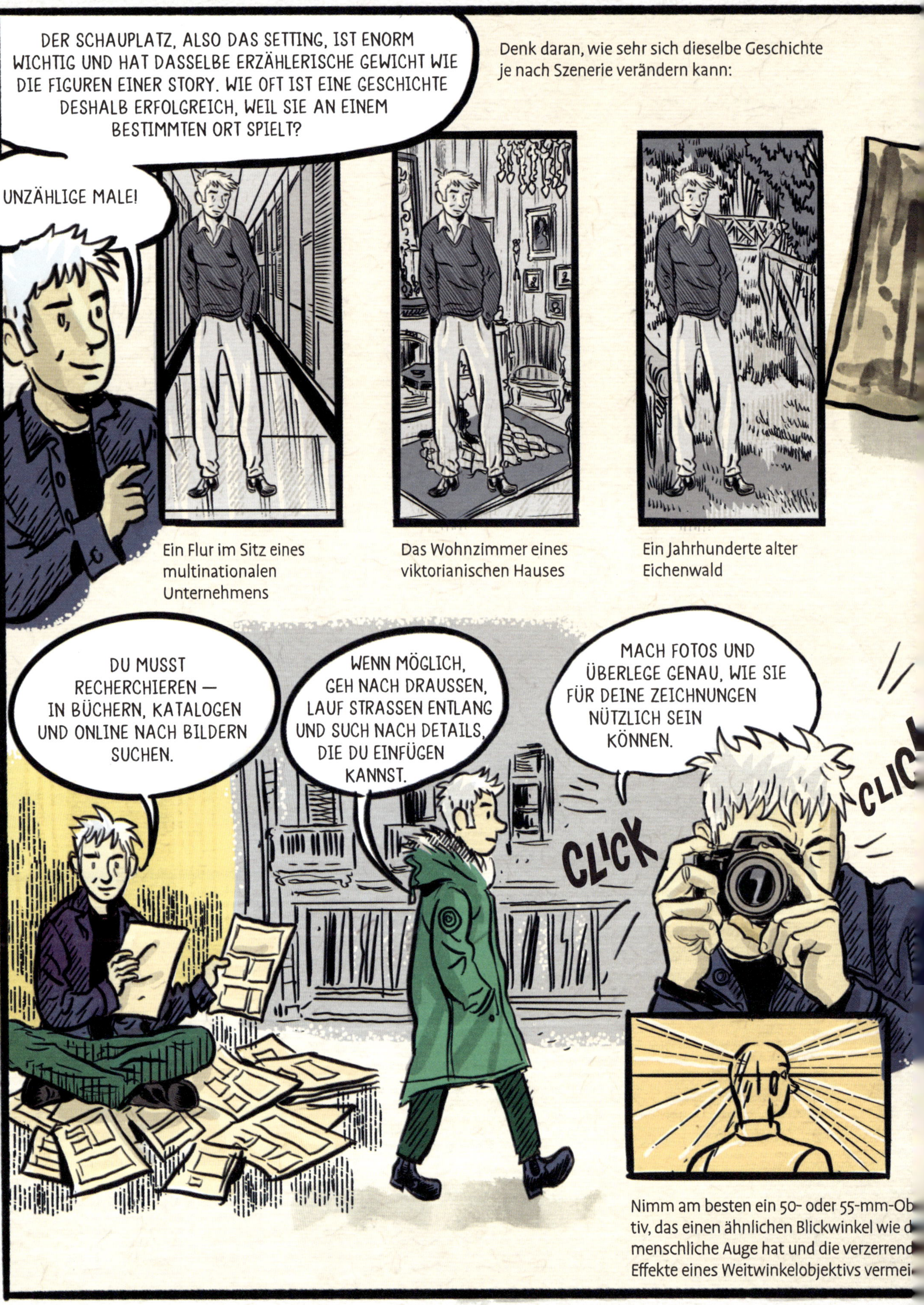

Denk daran, wie sehr sich dieselbe Geschichte je nach Szenerie verändern kann:

Ein Flur im Sitz eines multinationalen Unternehmens

Das Wohnzimmer eines viktorianischen Hauses

Ein Jahrhunderte alter Eichenwald

Nimm am besten ein 50- oder 55-mm-Ob tiv, das einen ähnlichen Blickwinkel wie d menschliche Auge hat und die verzerrend Effekte eines Weitwinkelobjektivs vermei

Vergiss nicht die unschätzbare Praxis des Zeichnens nach dem Leben. Beobachte genau, was um dich herum ist, und gib es auf Papier wieder – das ist unschlagbar!

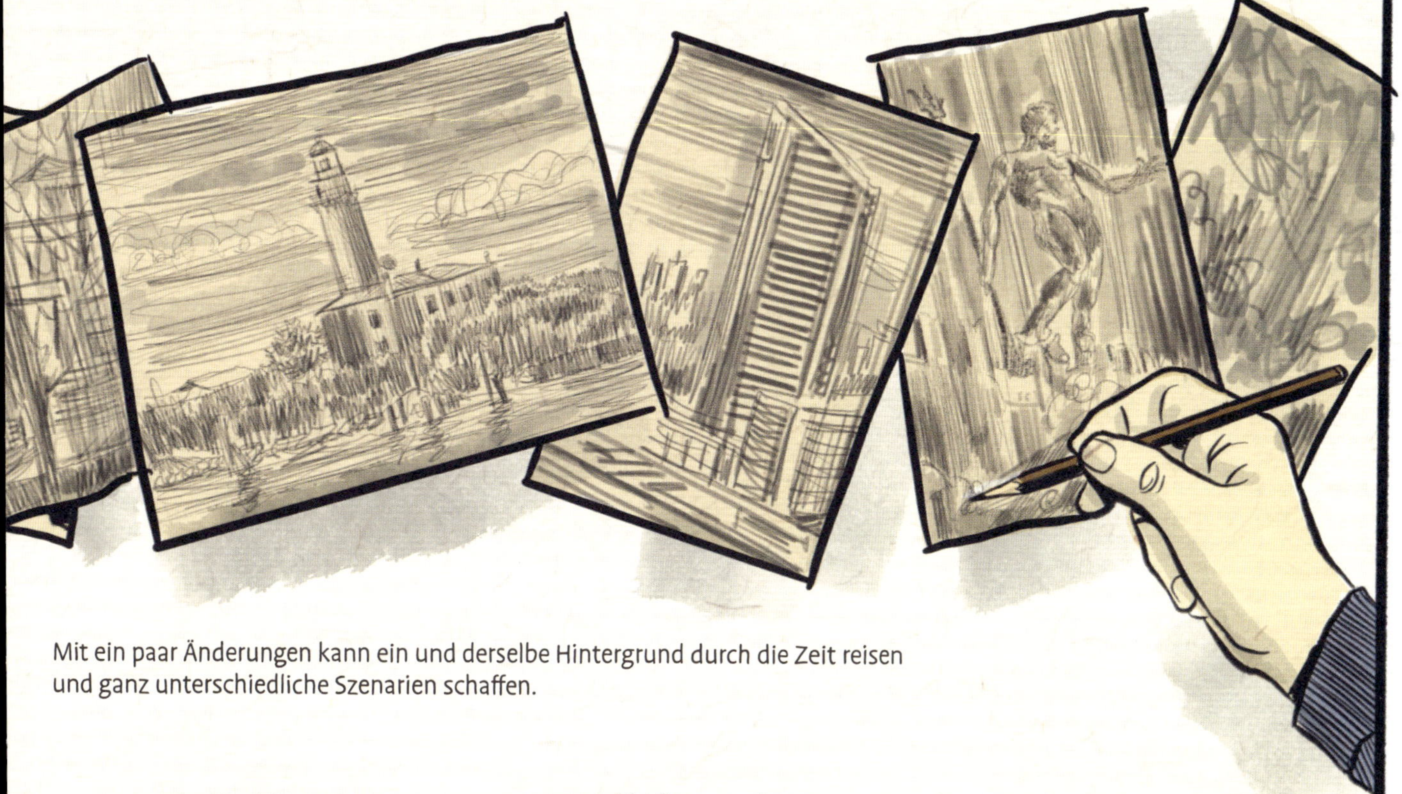

Mit ein paar Änderungen kann ein und derselbe Hintergrund durch die Zeit reisen und ganz unterschiedliche Szenarien schaffen.

Das Mittelalter

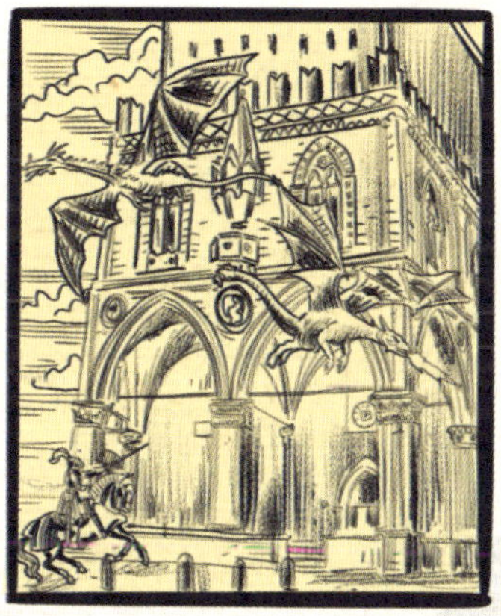

Die Gegenwart

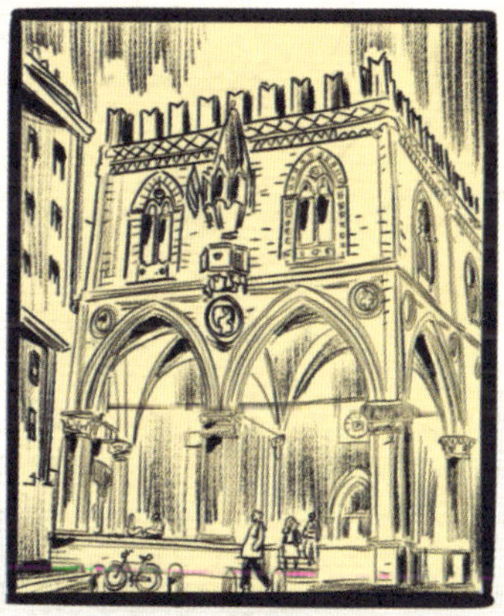

Eine dystopische Zukunft

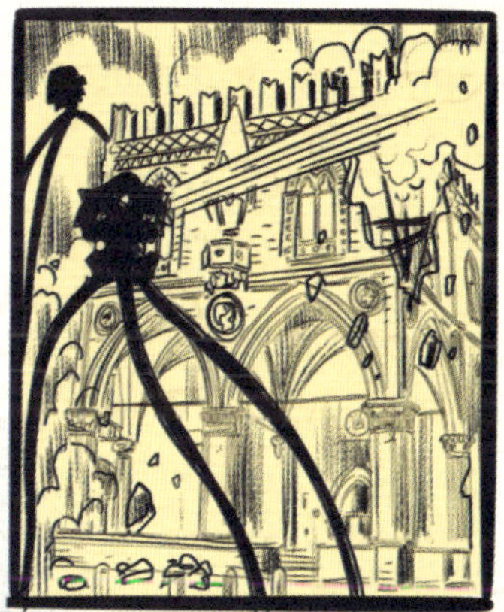

Natürlich kann ein Schauplatz auch völlig deiner Fantasie entspringen. Du kannst dich von Orten inspirieren lassen, die du kennst, von entlegenen Orten oder sogar von solchen, die du dir ausgedacht hast. Das Wichtigste ist, dass sie für die Erzählung relevant sind.

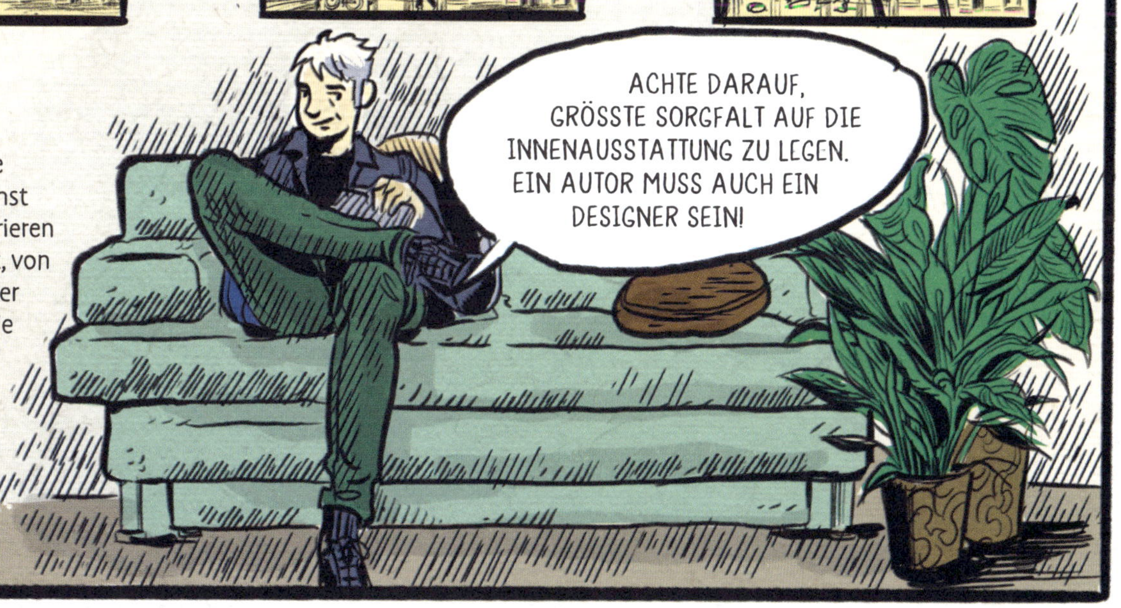

✸ TIPPS FÜR DAS ZEICHNEN VON SETTINGS

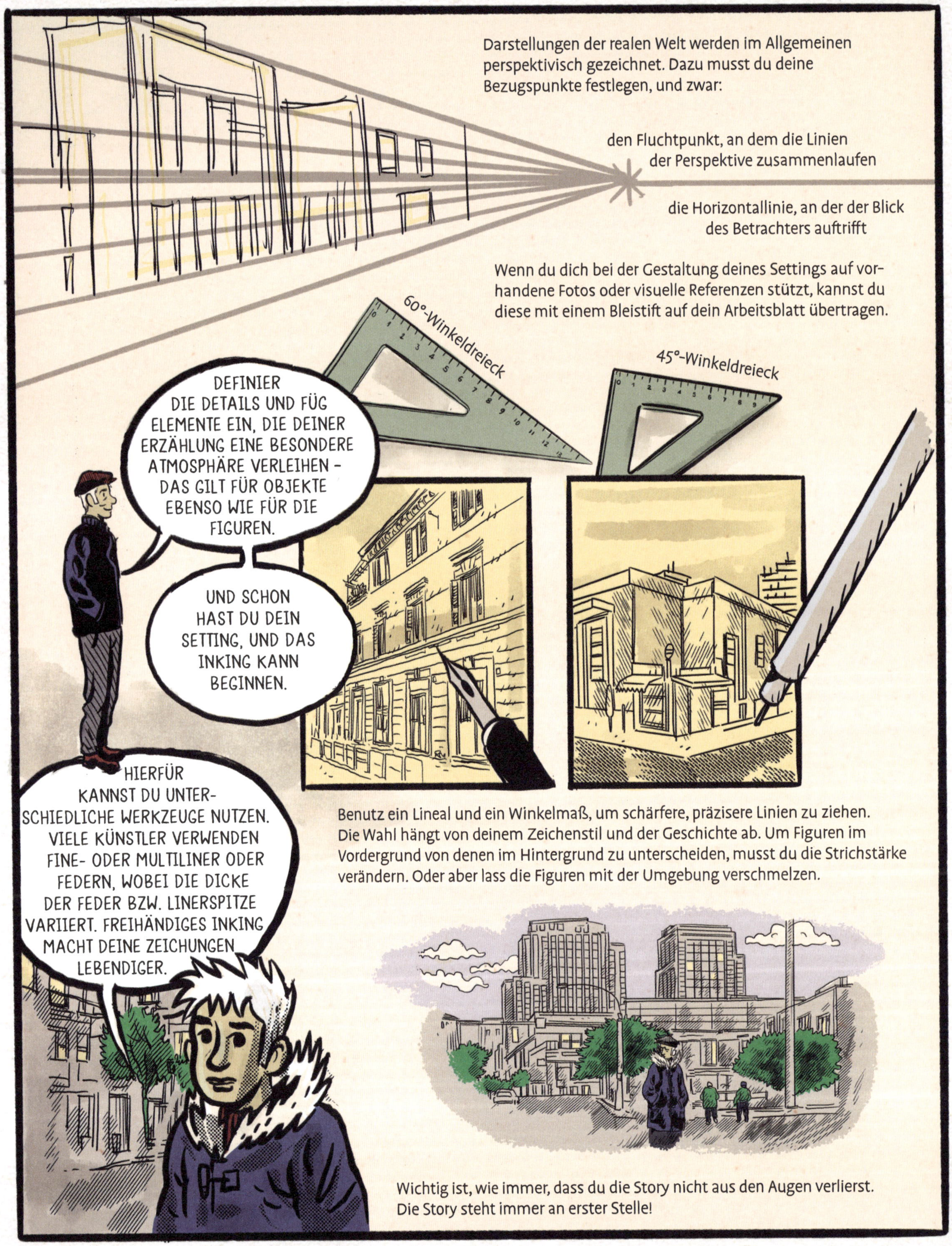

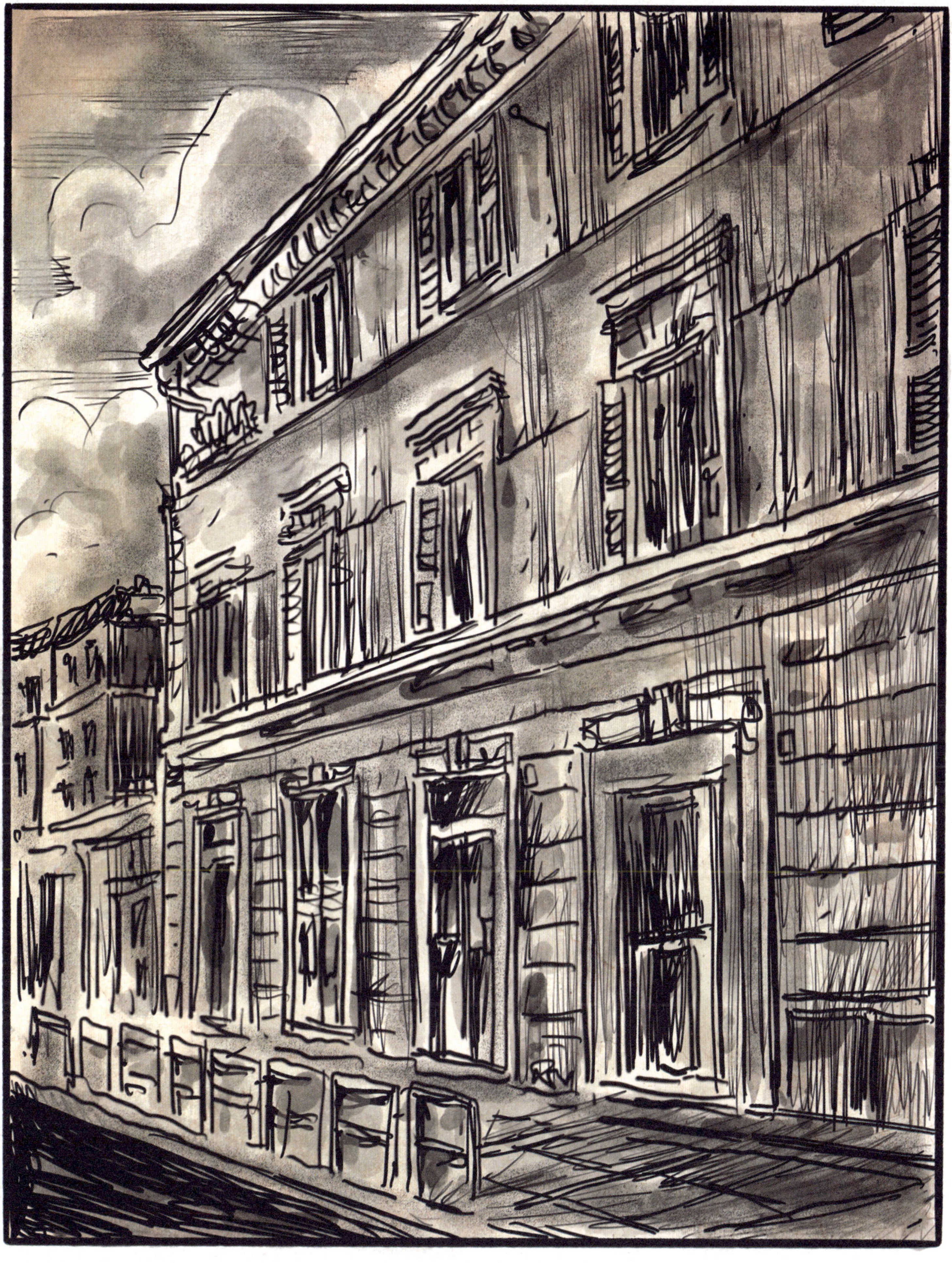

✹ DAS STORYBOARD

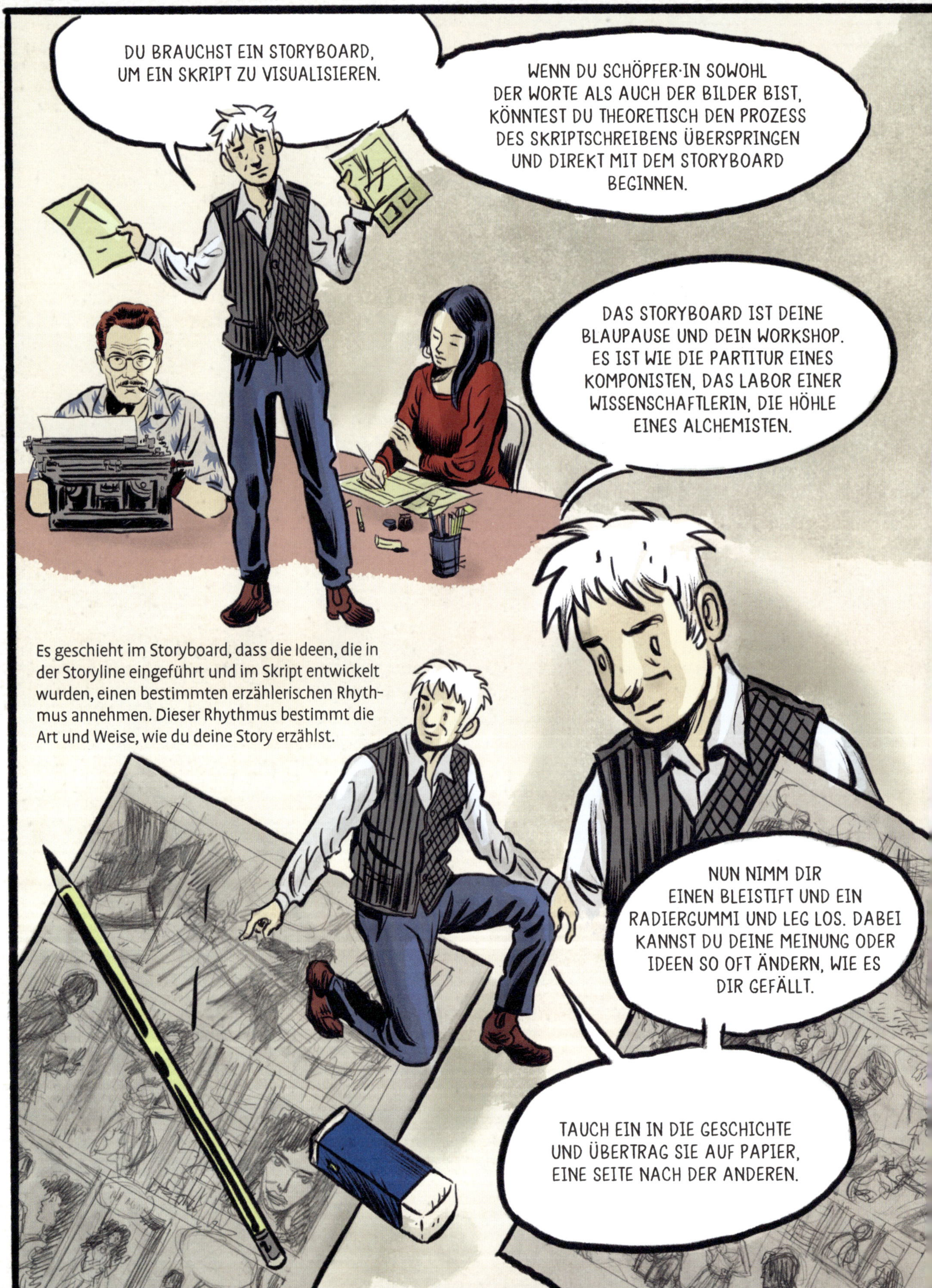

Es geschieht im Storyboard, dass die Ideen, die in der Storyline eingeführt und im Skript entwickelt wurden, einen bestimmten erzählerischen Rhythmus annehmen. Dieser Rhythmus bestimmt die Art und Weise, wie du deine Story erzählst.

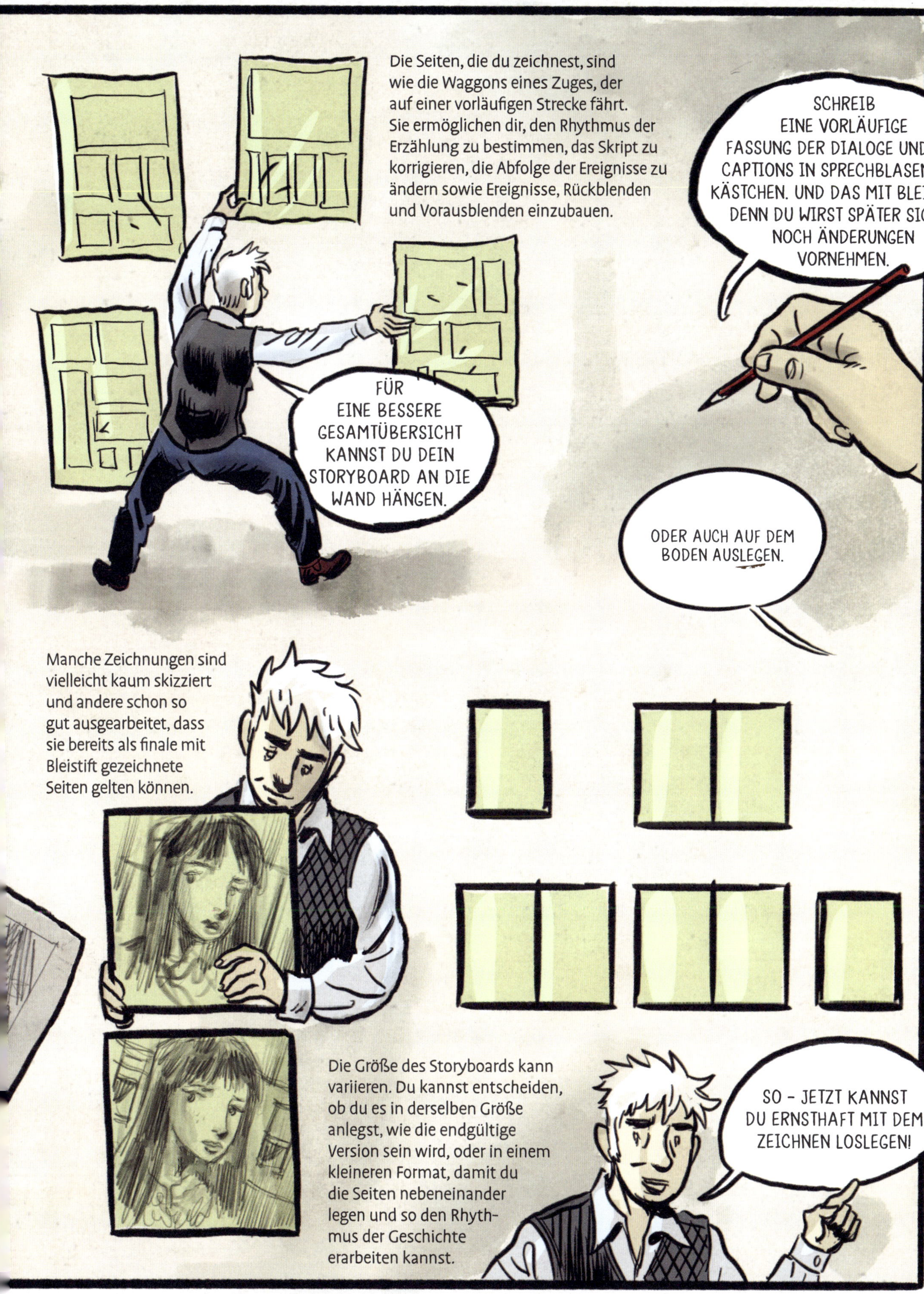
Die Seiten, die du zeichnest, sind wie die Waggons eines Zuges, der auf einer vorläufigen Strecke fährt. Sie ermöglichen dir, den Rhythmus der Erzählung zu bestimmen, das Skript zu korrigieren, die Abfolge der Ereignisse zu ändern sowie Ereignisse, Rückblenden und Vorausblenden einzubauen.
FÜR EINE BESSERE GESAMTÜBERSICHT KANNST DU DEIN STORYBOARD AN DIE WAND HÄNGEN.
SCHREIB EINE VORLÄUFIGE FASSUNG DER DIALOGE UND DER CAPTIONS IN SPRECHBLASEN UND KÄSTCHEN. UND DAS MIT BLEISTIFT – DENN DU WIRST SPÄTER SICHER NOCH ÄNDERUNGEN VORNEHMEN.
ODER AUCH AUF DEM BODEN AUSLEGEN.
Manche Zeichnungen sind vielleicht kaum skizziert und andere schon so gut ausgearbeitet, dass sie bereits als finale mit Bleistift gezeichnete Seiten gelten können.
Die Größe des Storyboards kann variieren. Du kannst entscheiden, ob du es in derselben Größe anlegst, wie die endgültige Version sein wird, oder in einem kleineren Format, damit du die Seiten nebeneinander legen und so den Rhythmus der Geschichte erarbeiten kannst.
SO – JETZT KANNST DU ERNSTHAFT MIT DEM ZEICHNEN LOSLEGEN!

INKING & KOLORIEREN

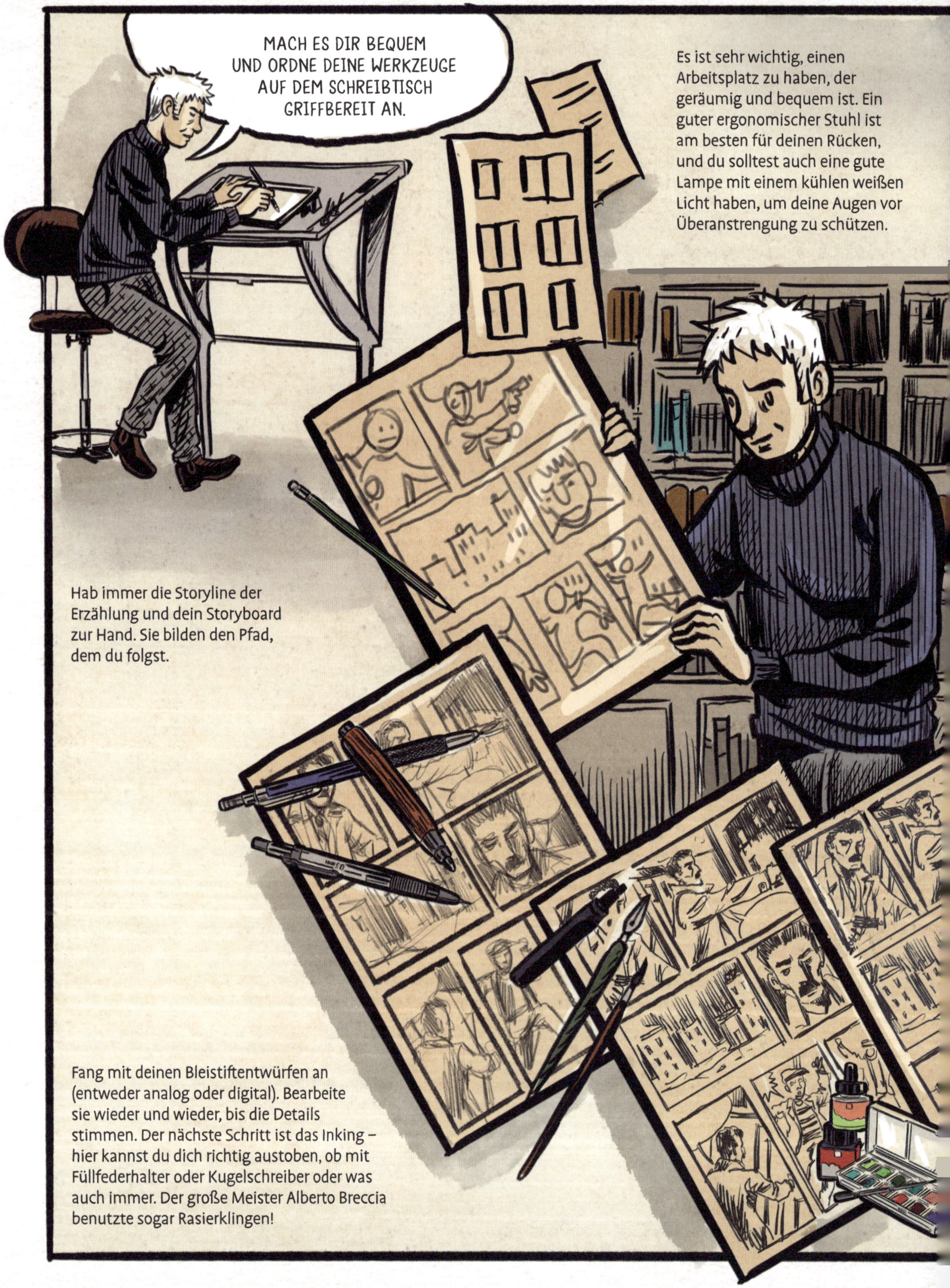

Als Nächstes geht es ans Kolorieren. Wir haben bereits über Kolorationstechniken gesprochen, also konzentrieren wir uns hier auf die Wahl der richtigen Farbpalette. Wie die Farben nebeneinanderstehen, ist grundlegend für die Gesamtästhetik einer Graphic Novel und für die „Atmosphäre" einer jeden Zeichnung.

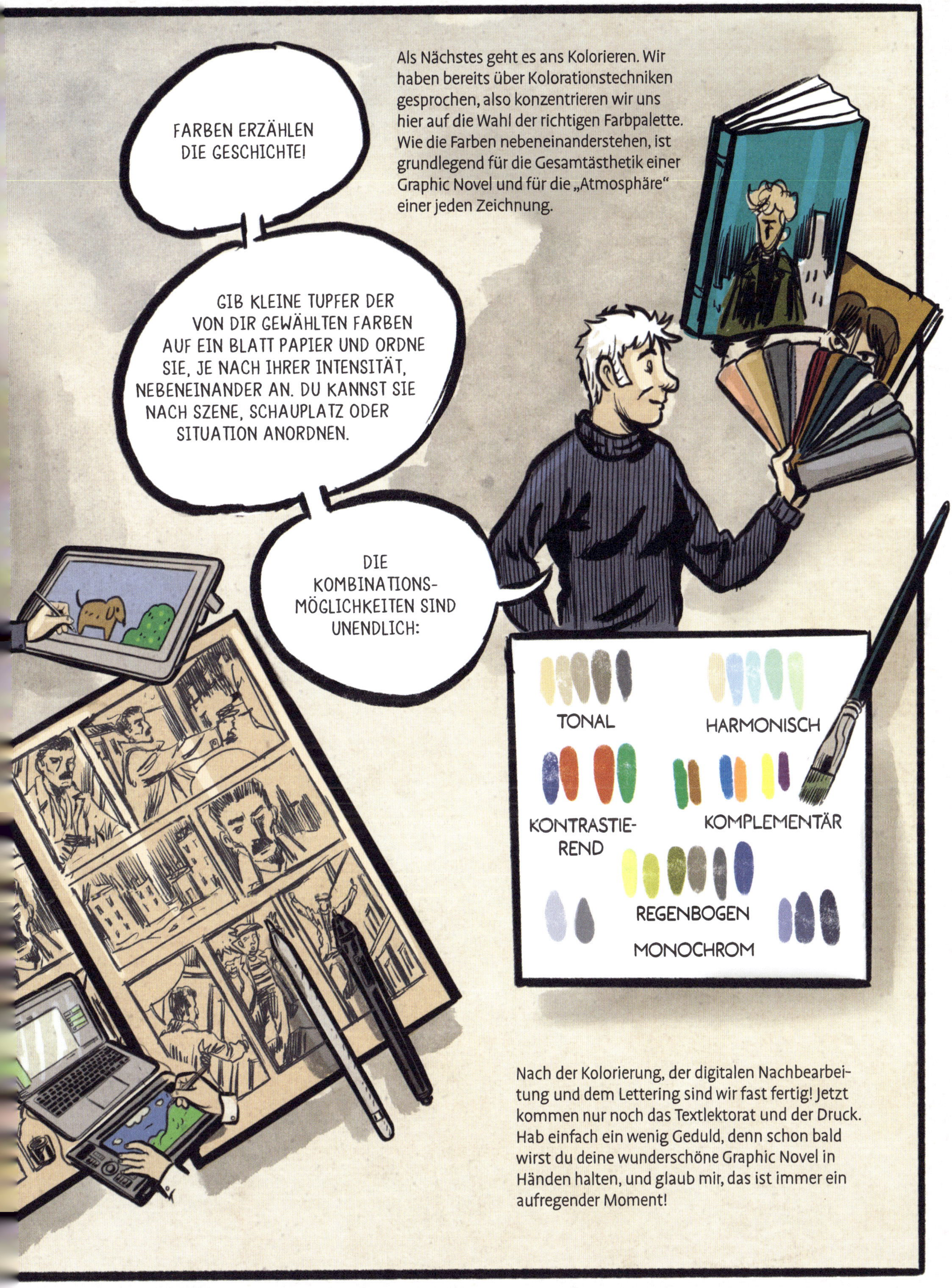

Nach der Kolorierung, der digitalen Nachbearbeitung und dem Lettering sind wir fast fertig! Jetzt kommen nur noch das Textlektorat und der Druck. Hab einfach ein wenig Geduld, denn schon bald wirst du deine wunderschöne Graphic Novel in Händen halten, und glaub mir, das ist immer ein aufregender Moment!

DU HAST FERTIG GEZEICHNET, WAS NUN?

Du hast dein Skript fertig, alle Panels sind gezeichnet, aber das ist natürlich noch nicht alles. **BEI DER LETZTEN ETAPPE MUSS ALLES IM LAYOUT ZUSAMMENGEFÜGT WERDEN, UM EIN BUCH DARAUS ZU MACHEN.** Seitenlayouts, Lettering und Korrektur der Fahnen sind wichtige Schritte bei der Erstellung einer Graphic Novel. Und wenn du schon so weit gekommen bist, warum denkst du nicht darüber nach, einen Verlag zu suchen und an einer Comicmesse teilzunehmen, um andere Graphic Novelists zu treffen?!

SEITENLAYOUT

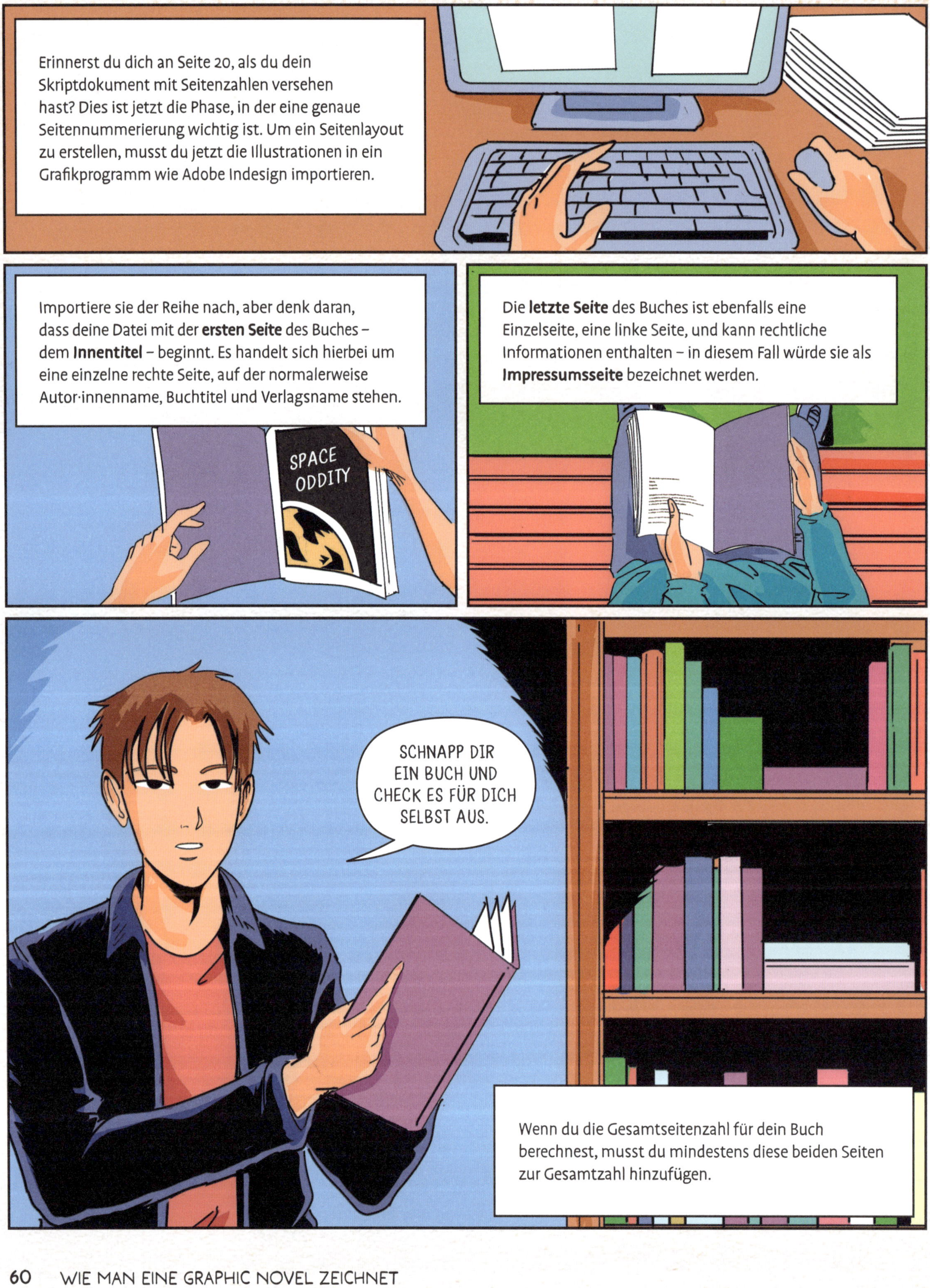

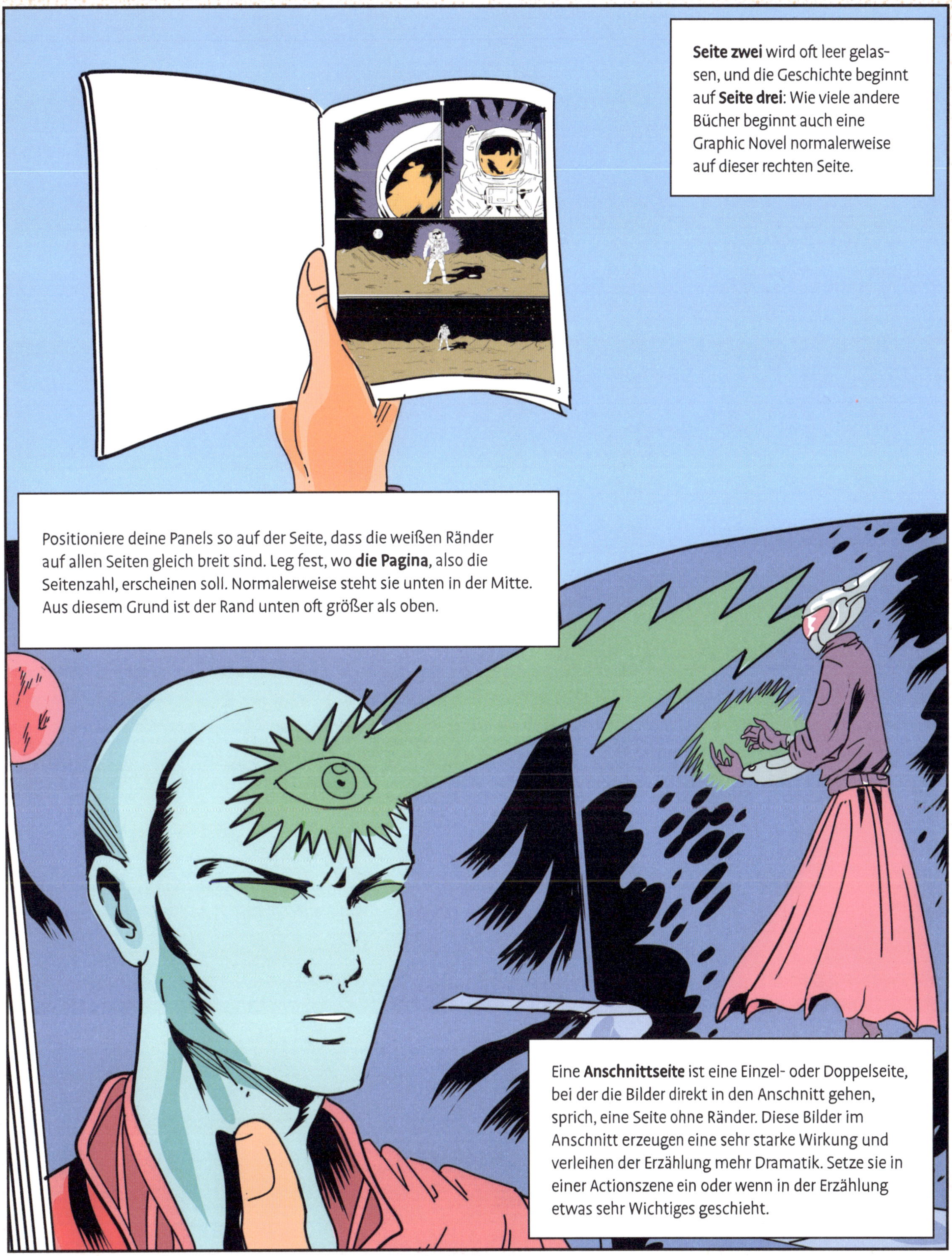
Seite zwei wird oft leer gelassen, und die Geschichte beginnt auf **Seite drei**: Wie viele andere Bücher beginnt auch eine Graphic Novel normalerweise auf dieser rechten Seite.
Positioniere deine Panels so auf der Seite, dass die weißen Ränder auf allen Seiten gleich breit sind. Leg fest, wo **die Pagina**, also die Seitenzahl, erscheinen soll. Normalerweise steht sie unten in der Mitte. Aus diesem Grund ist der Rand unten oft größer als oben.
Eine **Anschnittseite** ist eine Einzel- oder Doppelseite, bei der die Bilder direkt in den Anschnitt gehen, sprich, eine Seite ohne Ränder. Diese Bilder im Anschnitt erzeugen eine sehr starke Wirkung und verleihen der Erzählung mehr Dramatik. Setze sie in einer Actionszene ein oder wenn in der Erzählung etwas sehr Wichtiges geschieht.

LETTERING

In Comics bezieht sich das **Lettering** sowohl auf die Positionierung und Zeichnung der Sprechblasen und Captions als auch auf die Positionierung der Wörter selbst und der lautmalerischen Worte darin, und zwar in einer für Comics charakteristischen handgeletterten Schriftart.

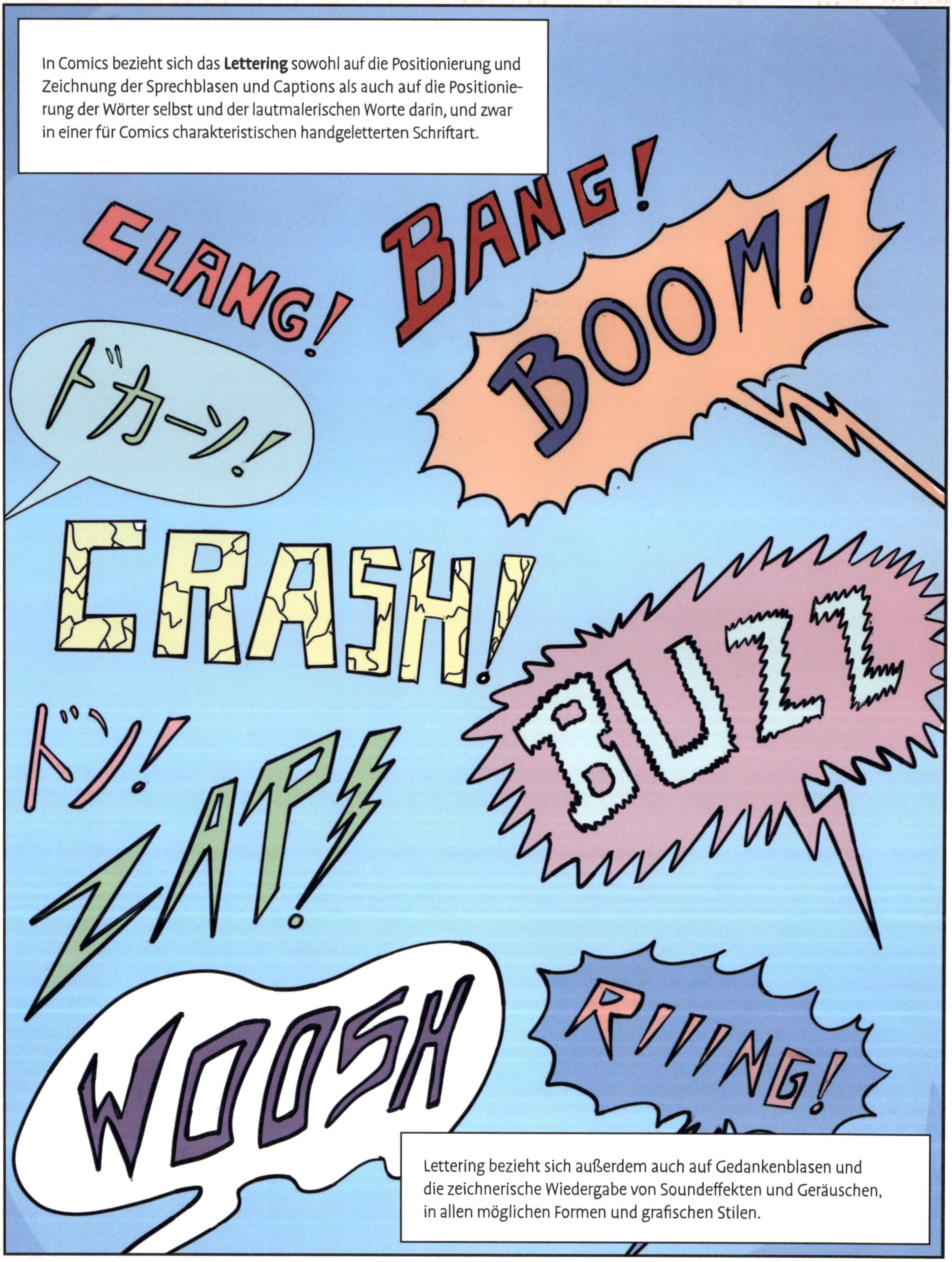

Lettering bezieht sich außerdem auch auf Gedankenblasen und die zeichnerische Wiedergabe von Soundeffekten und Geräuschen, in allen möglichen Formen und grafischen Stilen.

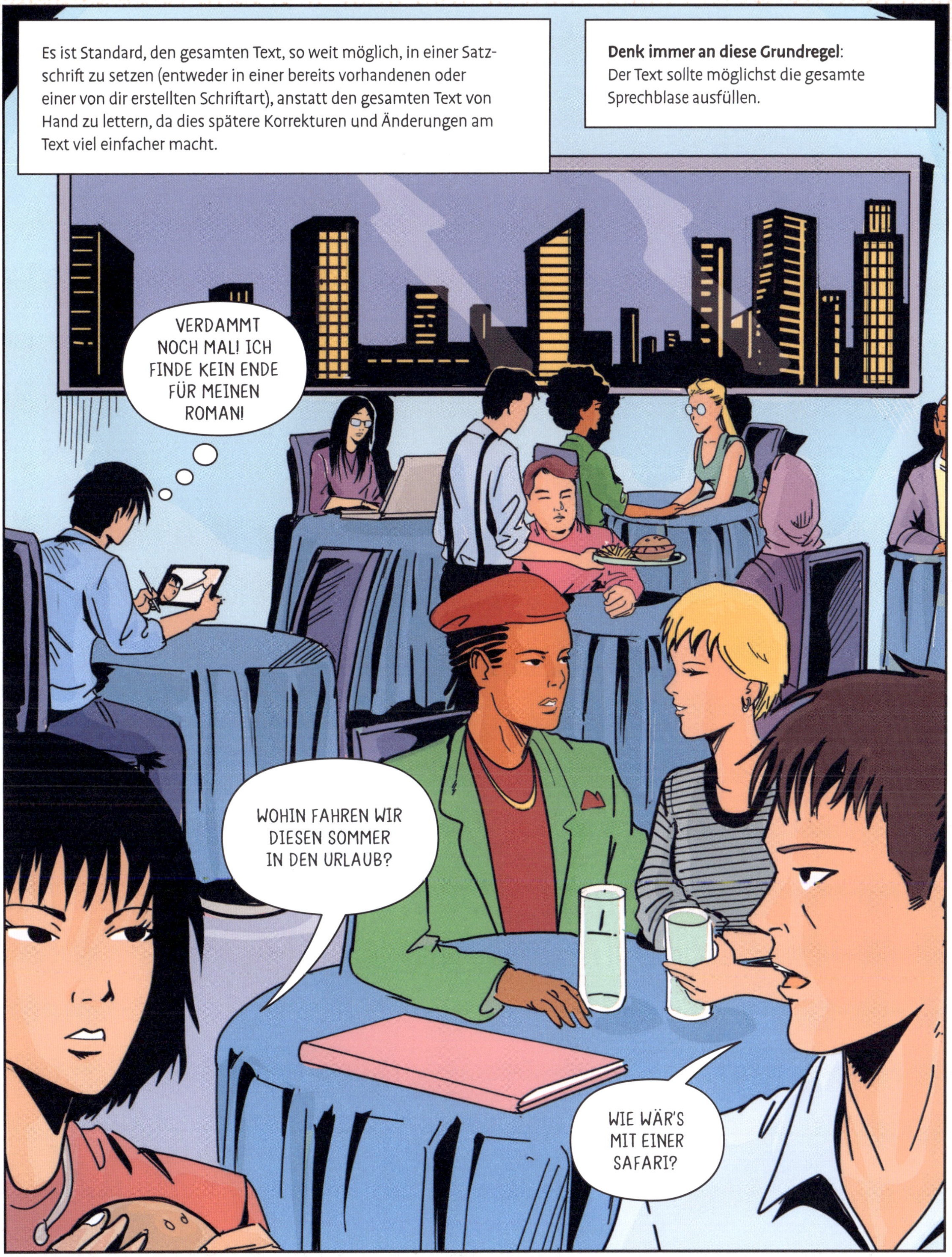
Es ist Standard, den gesamten Text, so weit möglich, in einer Satzschrift zu setzen (entweder in einer bereits vorhandenen oder einer von dir erstellten Schriftart), anstatt den gesamten Text von Hand zu lettern, da dies spätere Korrekturen und Änderungen am Text viel einfacher macht.
Denk immer an diese Grundregel: Der Text sollte möglichst die gesamte Sprechblase ausfüllen.
VERDAMMT NOCH MAL! ICH FINDE KEIN ENDE FÜR MEINEN ROMAN!
WOHIN FAHREN WIR DIESEN SOMMER IN DEN URLAUB?
WIE WÄR'S MIT EINER SAFARI?

KORREKTURLESEN

Der Satz des Textes in den Sprechblasen und den Captions ist ein heikler Vorgang, der viel Sorgfalt erfordert. Selbst sehr erfahrene Leute können manchmal Fehler machen, wenn sie den Text aus dem Skript in das Seitenlayout importieren. Auch das Skript selbst kann Tippfehler enthalten. Nachdem du also den Text eingefügt hast, solltest du jede Seite noch einmal sorgfältig durchlesen und nach Fehlern suchen.

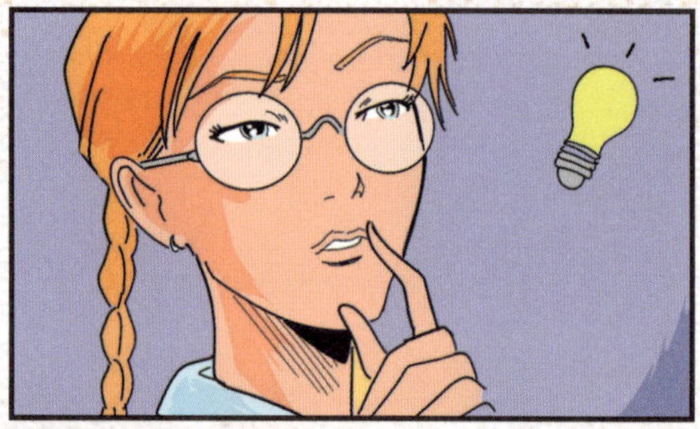

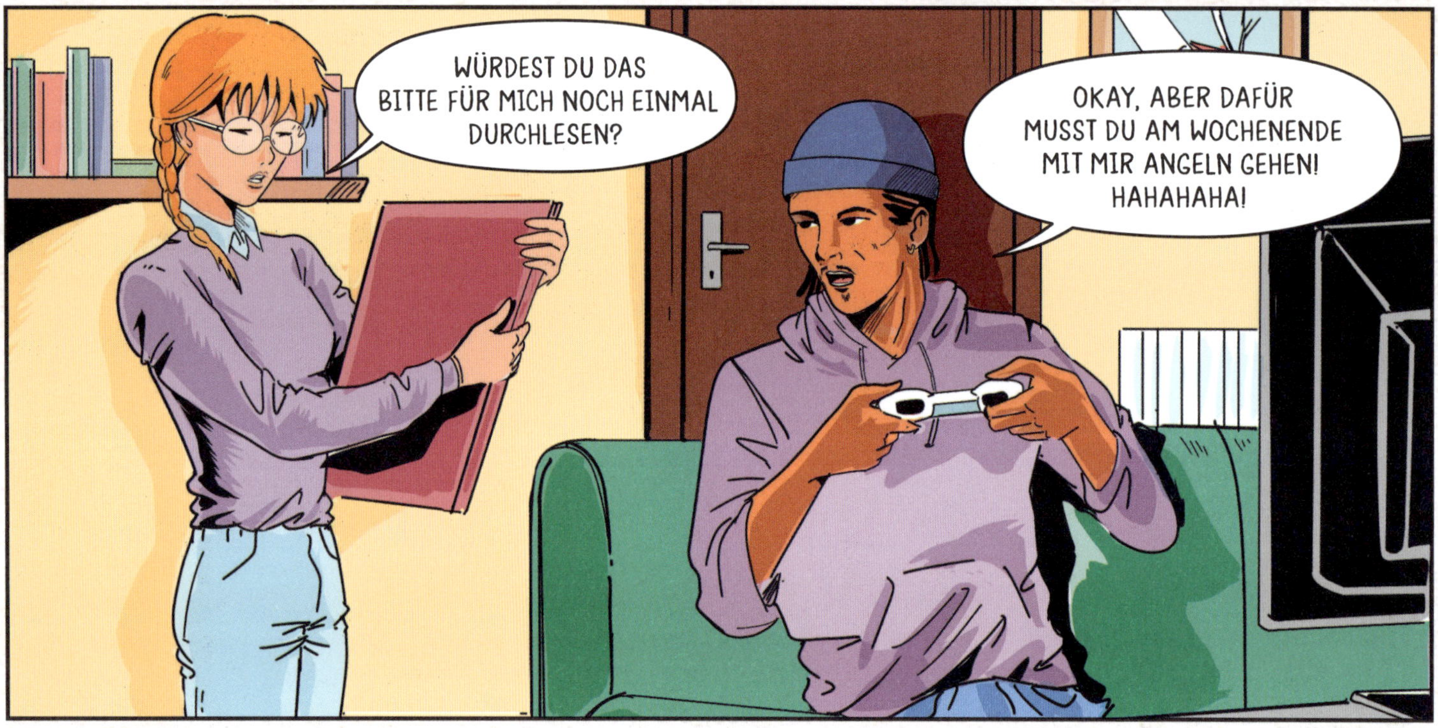

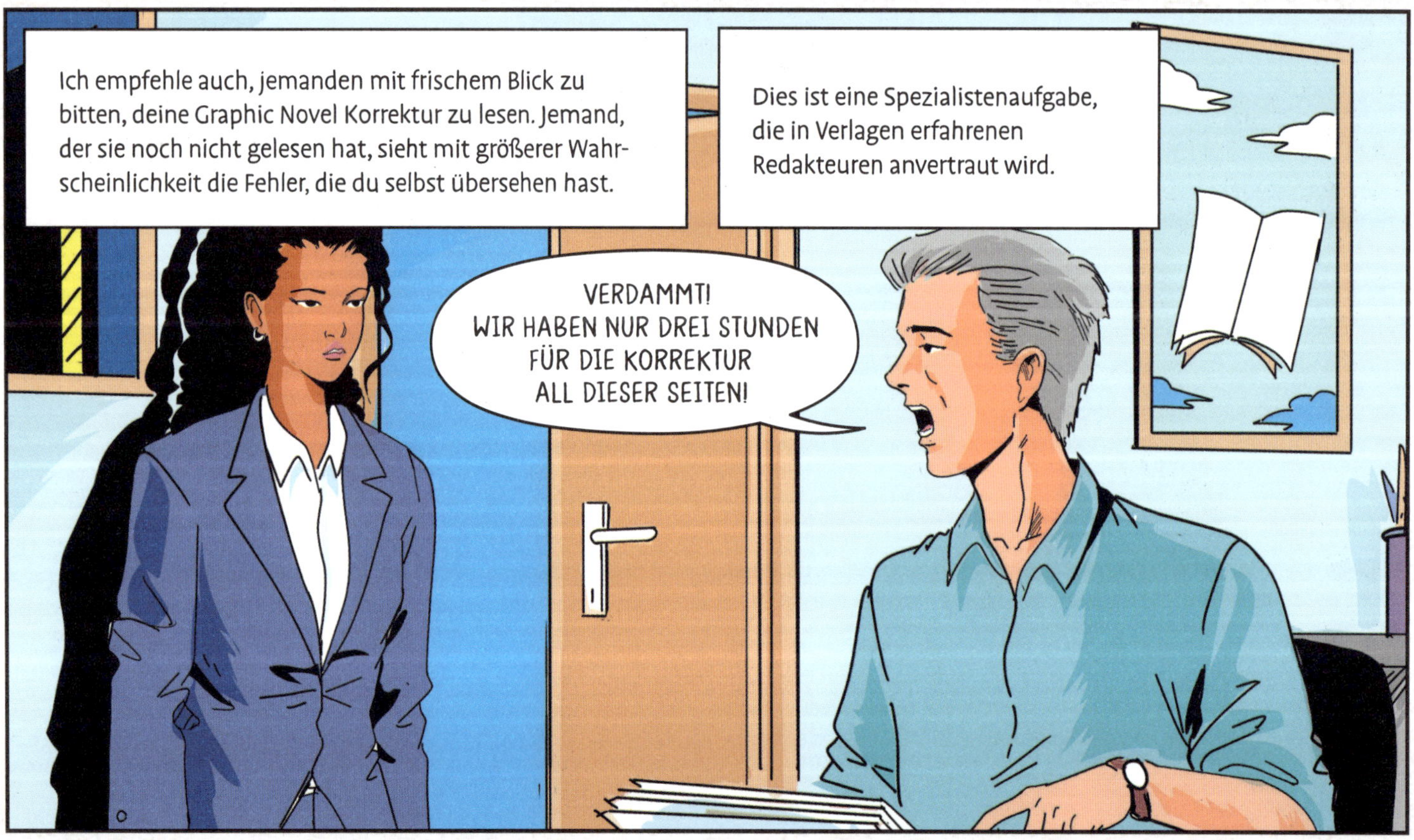

DEADLINES

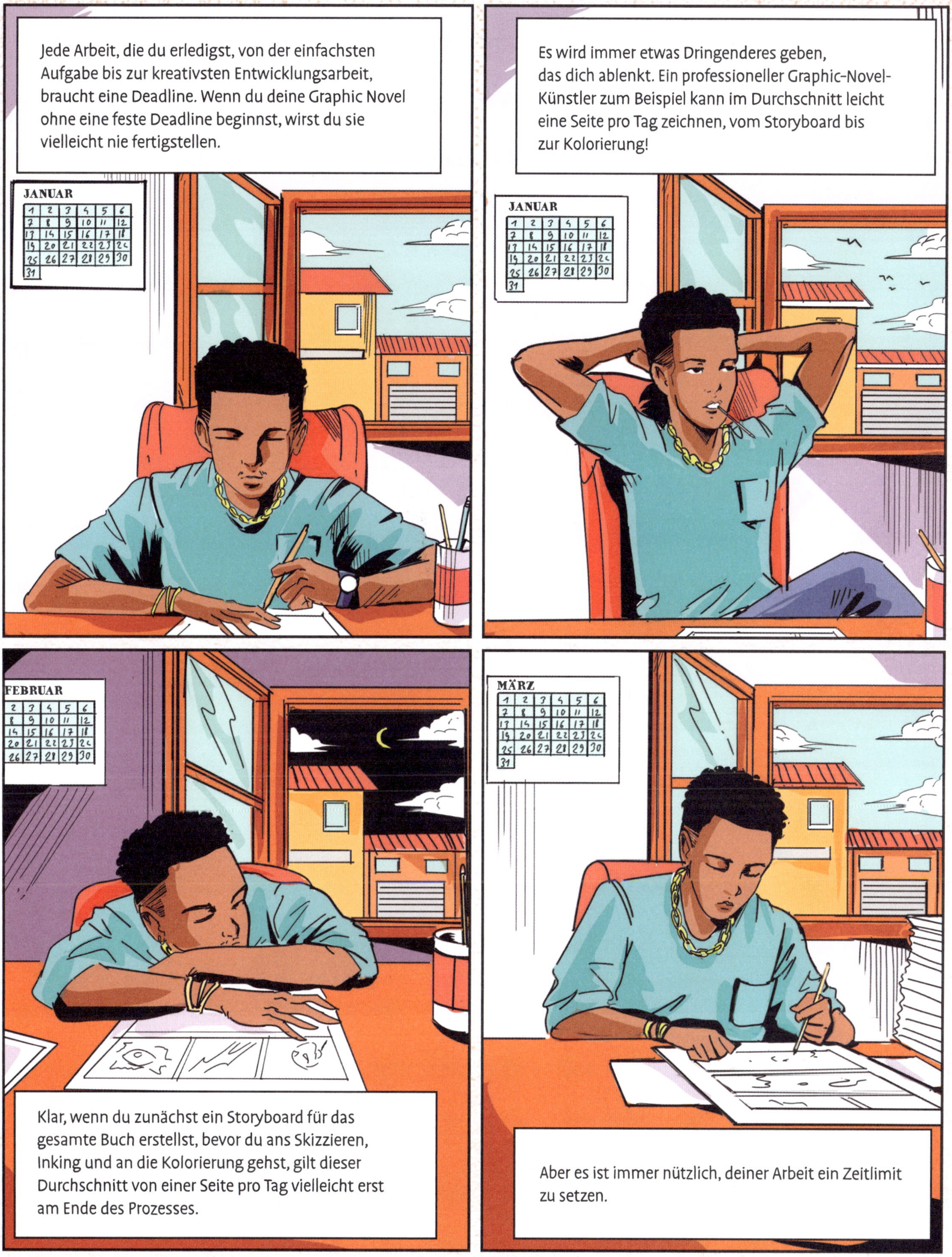
Jede Arbeit, die du erledigst, von der einfachsten Aufgabe bis zur kreativsten Entwicklungsarbeit, braucht eine Deadline. Wenn du deine Graphic Novel ohne eine feste Deadline beginnst, wirst du sie vielleicht nie fertigstellen.
JANUAR
Es wird immer etwas Dringenderes geben, das dich ablenkt. Ein professioneller Graphic-Novel-Künstler zum Beispiel kann im Durchschnitt leicht eine Seite pro Tag zeichnen, vom Storyboard bis zur Kolorierung!
JANUAR
FEBRUAR
Klar, wenn du zunächst ein Storyboard für das gesamte Buch erstellst, bevor du ans Skizzieren, Inking und an die Kolorierung gehst, gilt dieser Durchschnitt von einer Seite pro Tag vielleicht erst am Ende des Prozesses.
MÄRZ
Aber es ist immer nützlich, deiner Arbeit ein Zeitlimit zu setzen.

VERÖFFENTLICHUNG

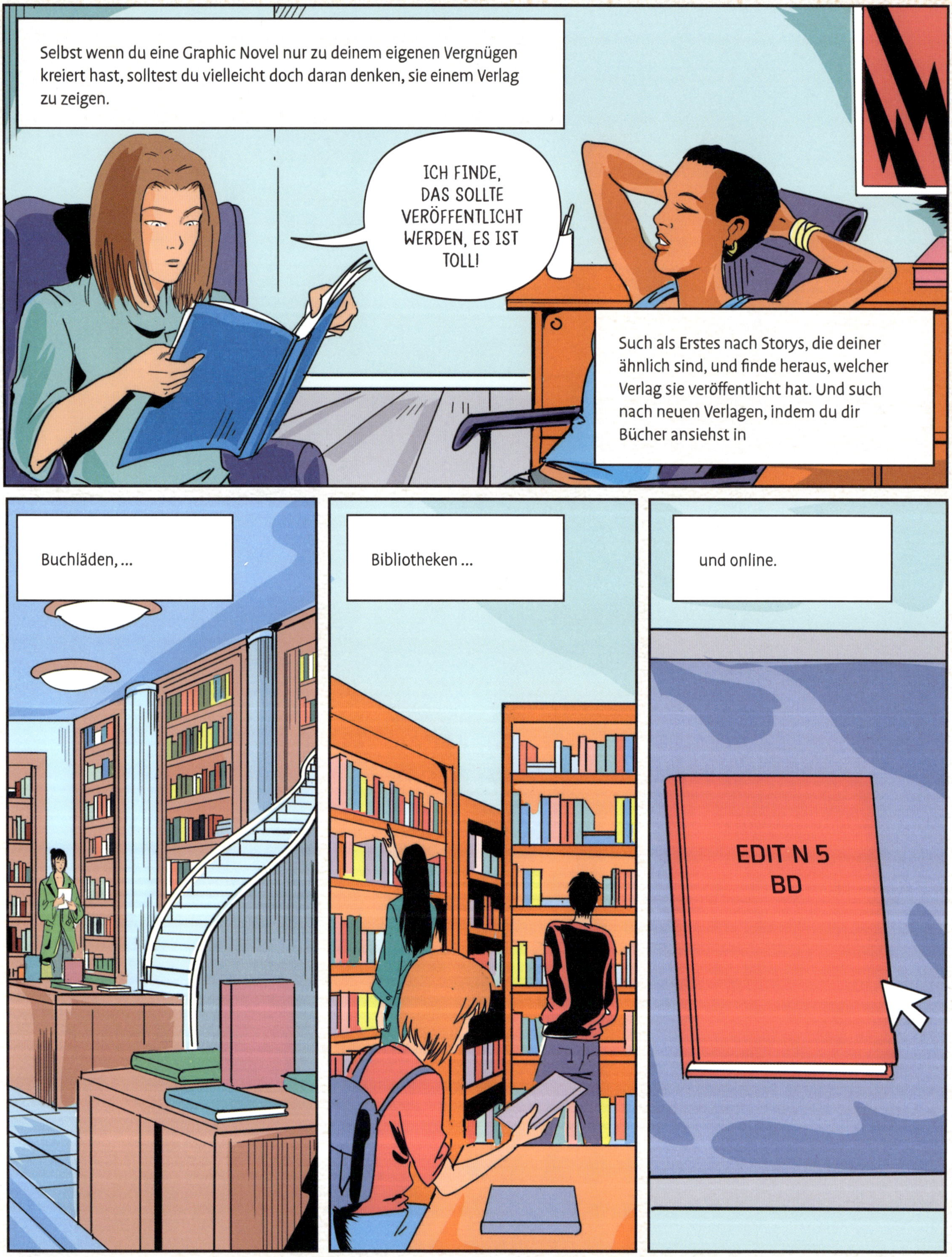

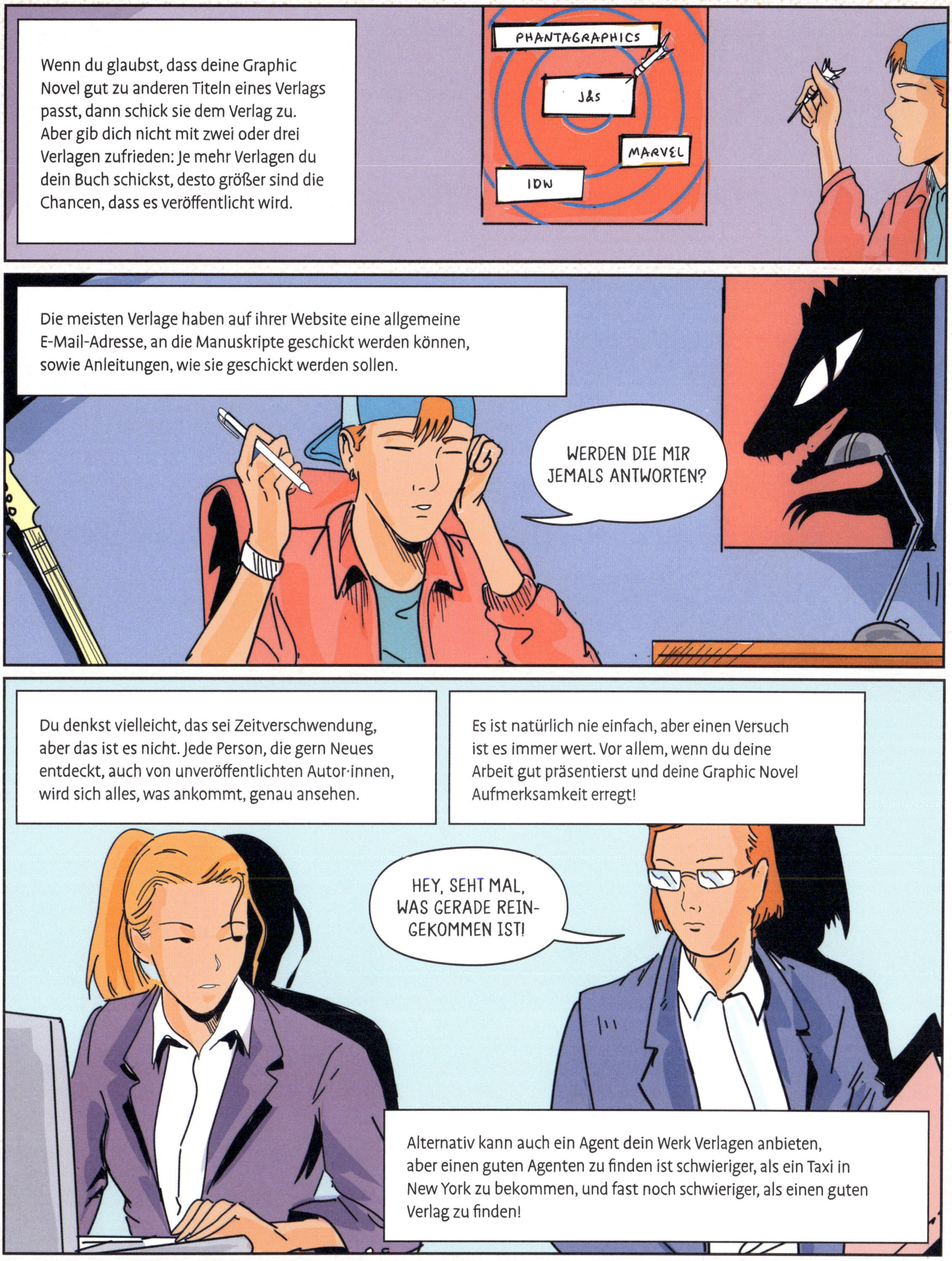
Wenn du glaubst, dass deine Graphic Novel gut zu anderen Titeln eines Verlags passt, dann schick sie dem Verlag zu. Aber gib dich nicht mit zwei oder drei Verlagen zufrieden: Je mehr Verlagen du dein Buch schickst, desto größer sind die Chancen, dass es veröffentlicht wird.
PHANTAGRAPHICS
J&S
MARVEL
IDW
Die meisten Verlage haben auf ihrer Website eine allgemeine E-Mail-Adresse, an die Manuskripte geschickt werden können, sowie Anleitungen, wie sie geschickt werden sollen.
WERDEN DIE MIR JEMALS ANTWORTEN?
Du denkst vielleicht, das sei Zeitverschwendung, aber das ist es nicht. Jede Person, die gern Neues entdeckt, auch von unveröffentlichten Autor·innen, wird sich alles, was ankommt, genau ansehen.
Es ist natürlich nie einfach, aber einen Versuch ist es immer wert. Vor allem, wenn du deine Arbeit gut präsentierst und deine Graphic Novel Aufmerksamkeit erregt!
HEY, SEHT MAL, WAS GERADE REIN-GEKOMMEN IST!
Alternativ kann auch ein Agent dein Werk Verlagen anbieten, aber einen guten Agenten zu finden ist schwieriger, als ein Taxi in New York zu bekommen, und fast noch schwieriger, als einen guten Verlag zu finden!

INTERNATIONALE COMICMESSEN

Die Welt der Graphic Novels kann man natürlich auch in Buchhandlungen, Comicläden und im Internet entdecken, aber nichts ist vergleichbar mit dem Gefühl, auf einer Comicmesse zu sein.

Die Welt der Graphic Novels an einem Ort. All deine Lieblingsautoren und -verlage auf einem Haufen. Ein Programm mit Veranstaltungen, Präsentationen und Signierstunden, wie du es dir kaum erträumen kannst.

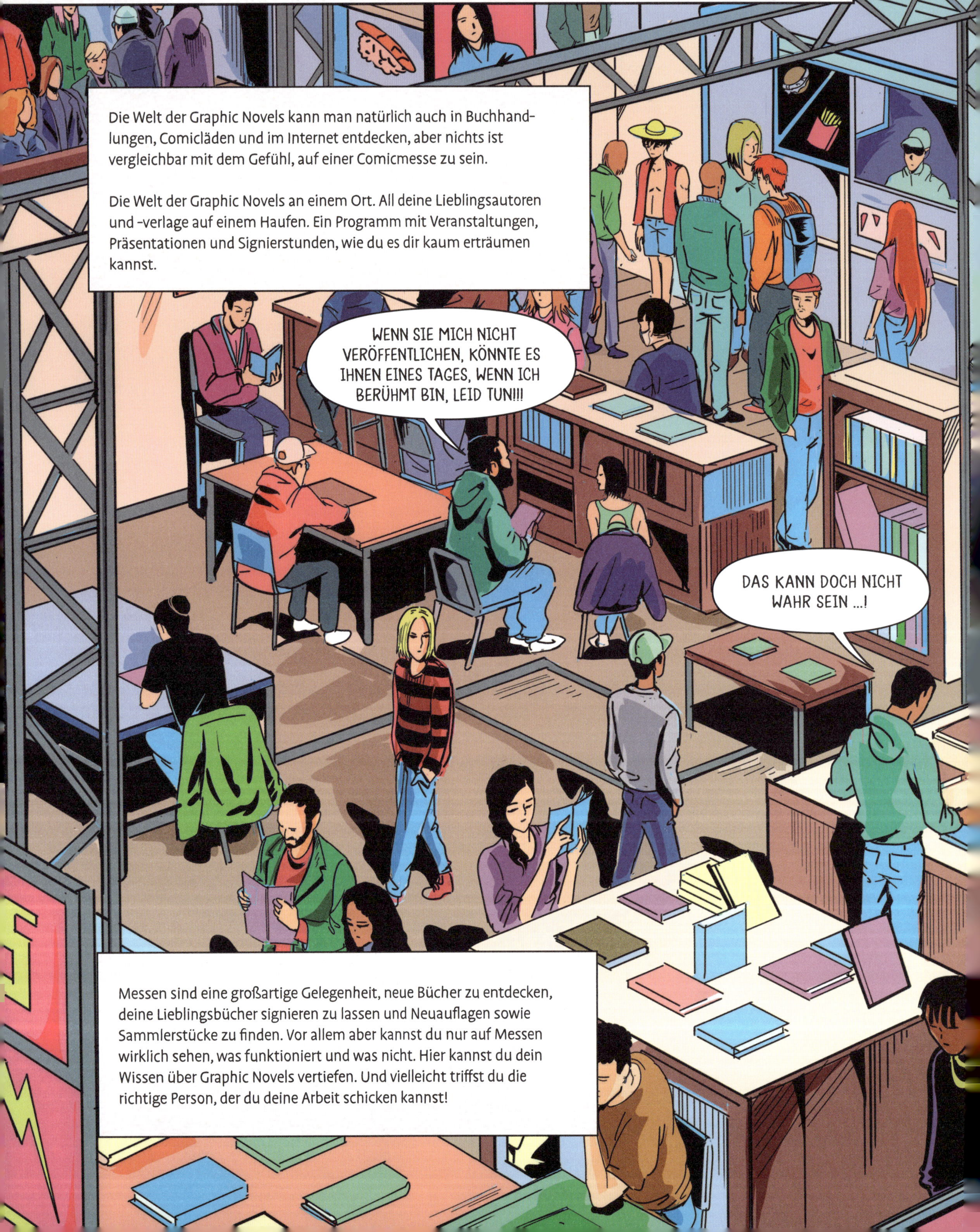

Messen sind eine großartige Gelegenheit, neue Bücher zu entdecken, deine Lieblingsbücher signieren zu lassen und Neuauflagen sowie Sammlerstücke zu finden. Vor allem aber kannst du nur auf Messen wirklich sehen, was funktioniert und was nicht. Hier kannst du dein Wissen über Graphic Novels vertiefen. Und vielleicht triffst du die richtige Person, der du deine Arbeit schicken kannst!

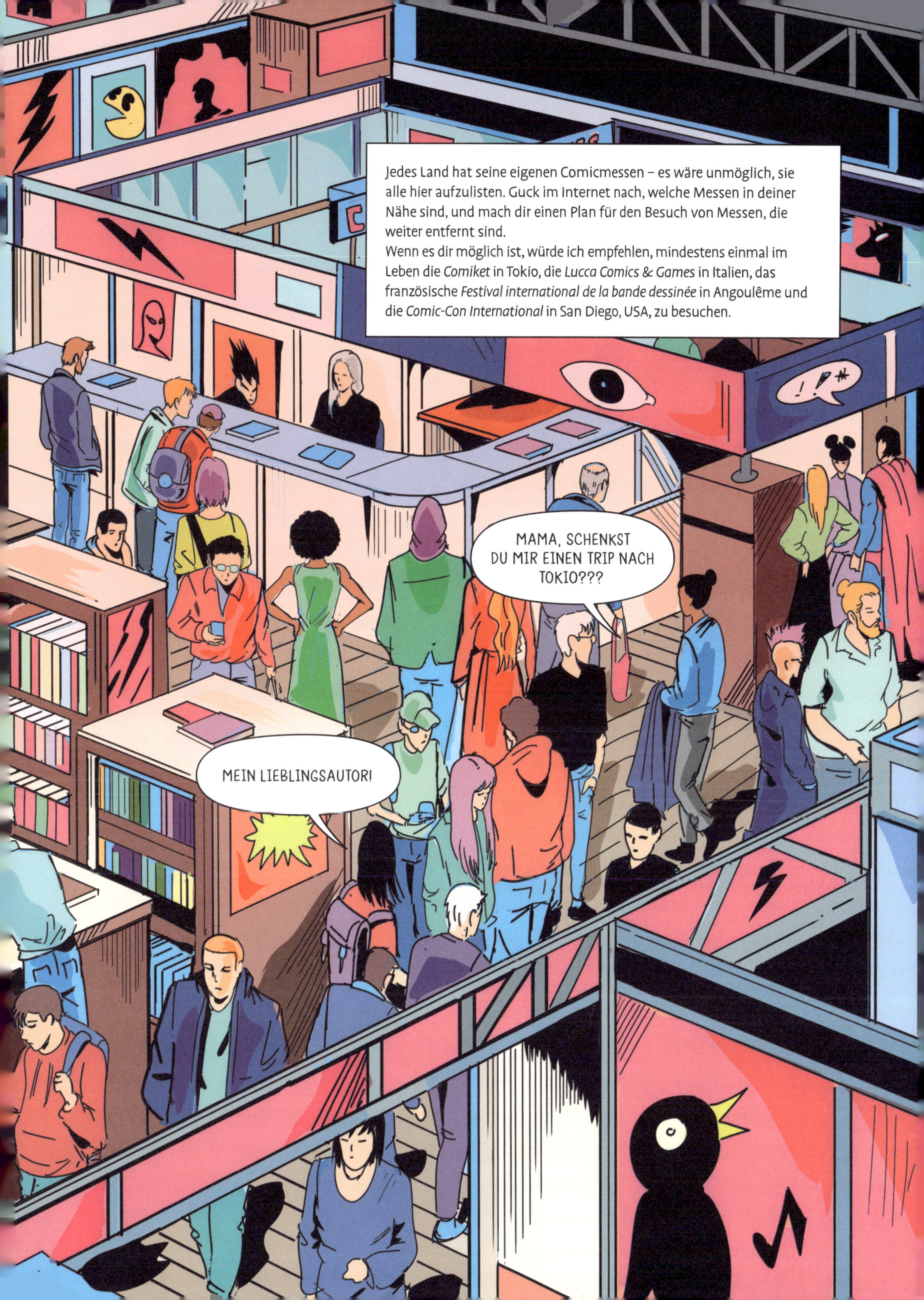
Jedes Land hat seine eigenen Comicmessen – es wäre unmöglich, sie alle hier aufzulisten. Guck im Internet nach, welche Messen in deiner Nähe sind, und mach dir einen Plan für den Besuch von Messen, die weiter entfernt sind.
Wenn es dir möglich ist, würde ich empfehlen, mindestens einmal im Leben die *Comiket* in Tokio, die *Lucca Comics & Games* in Italien, das französische *Festival international de la bande dessinée* in Angoulême und die *Comic-Con International* in San Diego, USA, zu besuchen.
MAMA, SCHENKST DU MIR EINEN TRIP NACH TOKIO???
MEIN LIEBLINGSAUTOR!

KULTZEICHNER·INNEN

Die Autor·innen, die ich hier vorstellen möchte, **GEHÖREN ZUM PANTHEON DER COMICBÜCHER UND GRAPHIC NOVELS**. Natürlich gibt es noch sehr viele mehr, aber diese sollte meiner Meinung nach **JEDE·R KENNEN**. Du findest die Bücher, die ich gleich erwähne, in der Leseliste auf Seite 96.

JACKIE ORMES

USA, 1911-1985

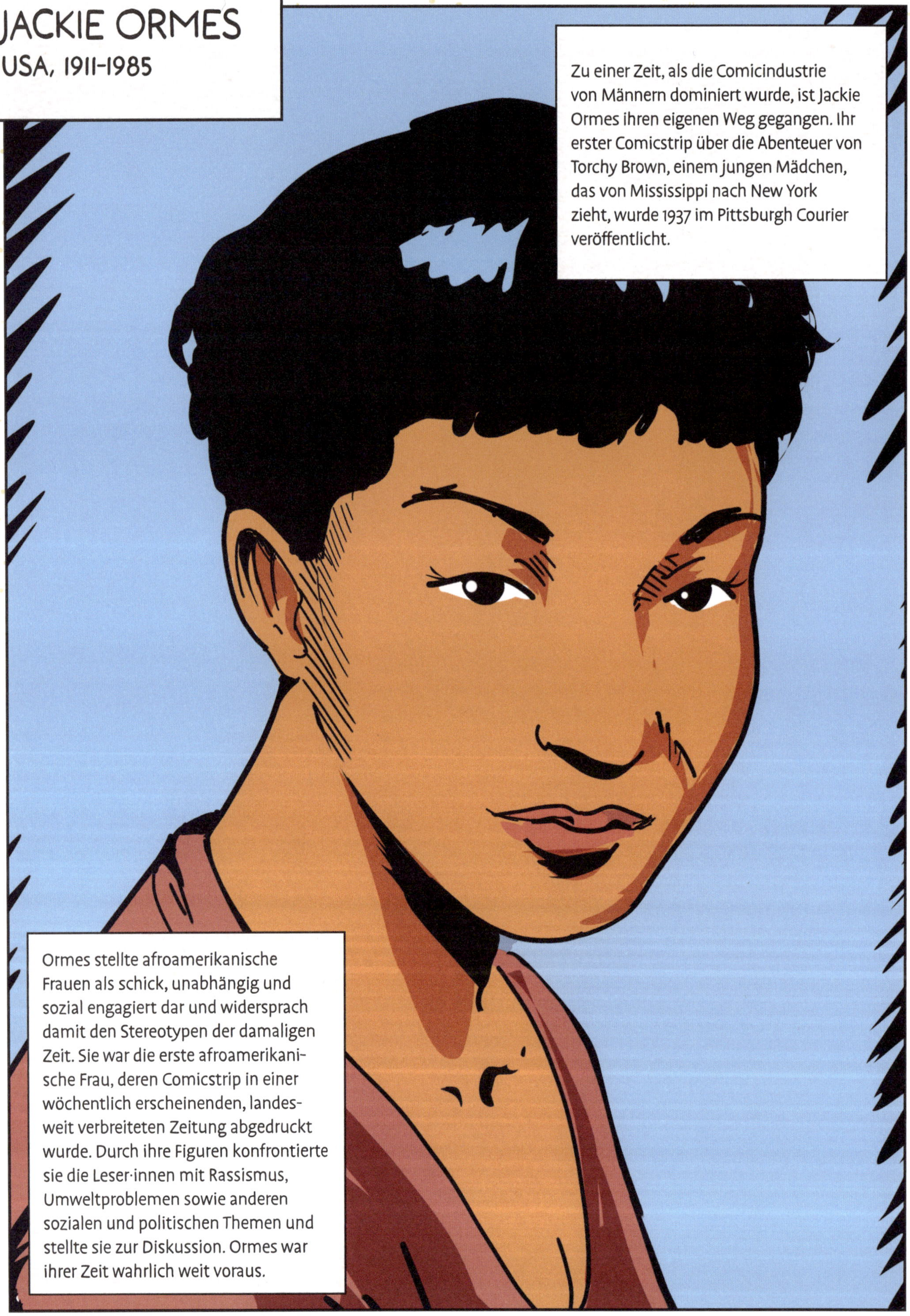

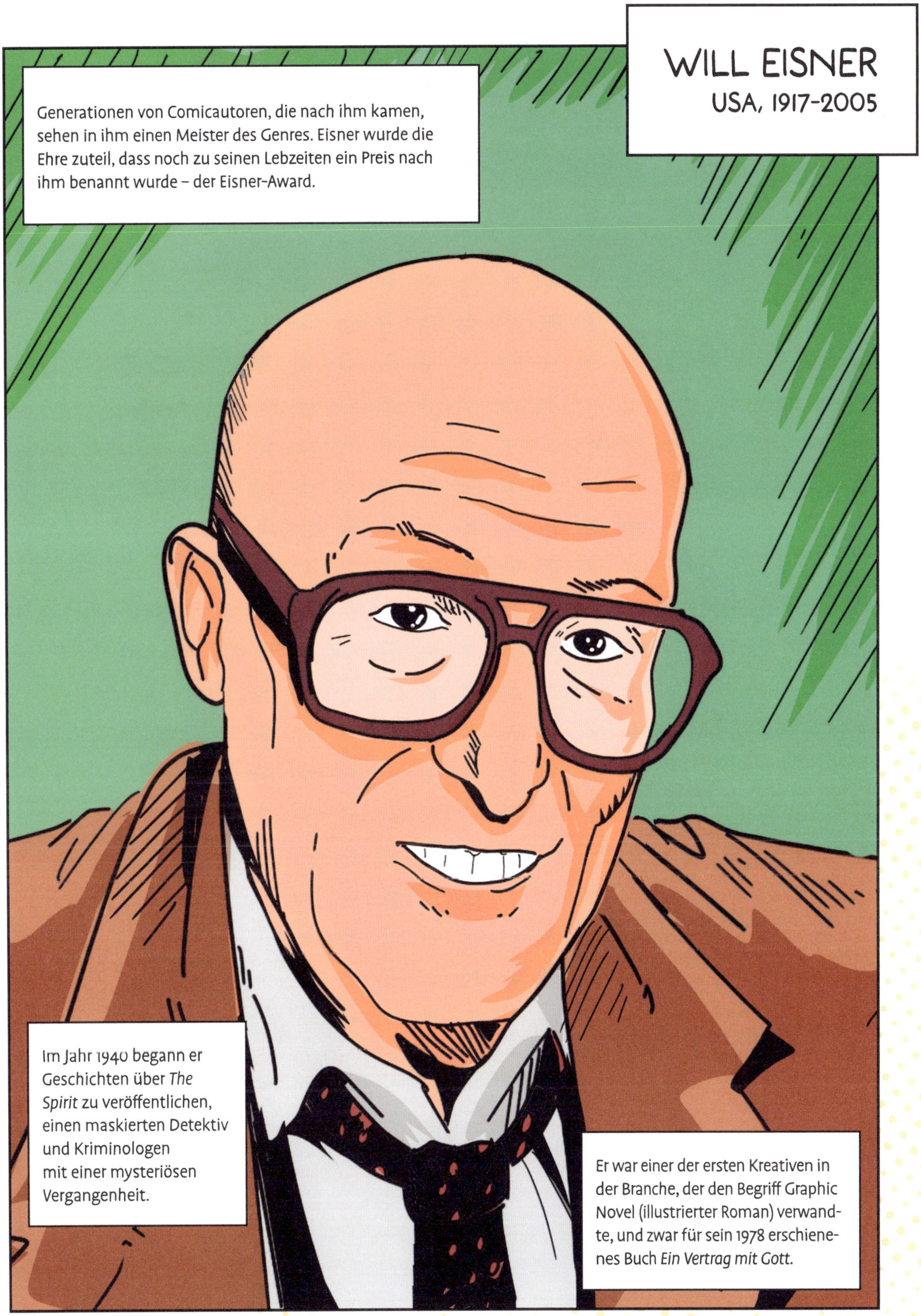
WILL EISNER
USA, 1917-2005
Generationen von Comicautoren, die nach ihm kamen, sehen in ihm einen Meister des Genres. Eisner wurde die Ehre zuteil, dass noch zu seinen Lebzeiten ein Preis nach ihm benannt wurde – der Eisner-Award.
Im Jahr 1940 begann er Geschichten über *The Spirit* zu veröffentlichen, einen maskierten Detektiv und Kriminologen mit einer mysteriösen Vergangenheit.
Er war einer der ersten Kreativen in der Branche, der den Begriff Graphic Novel (illustrierter Roman) verwandte, und zwar für sein 1978 erschienenes Buch *Ein Vertrag mit Gott*.

ALBERTO BRECCIA
ARGENTINIEN, 1919-1993

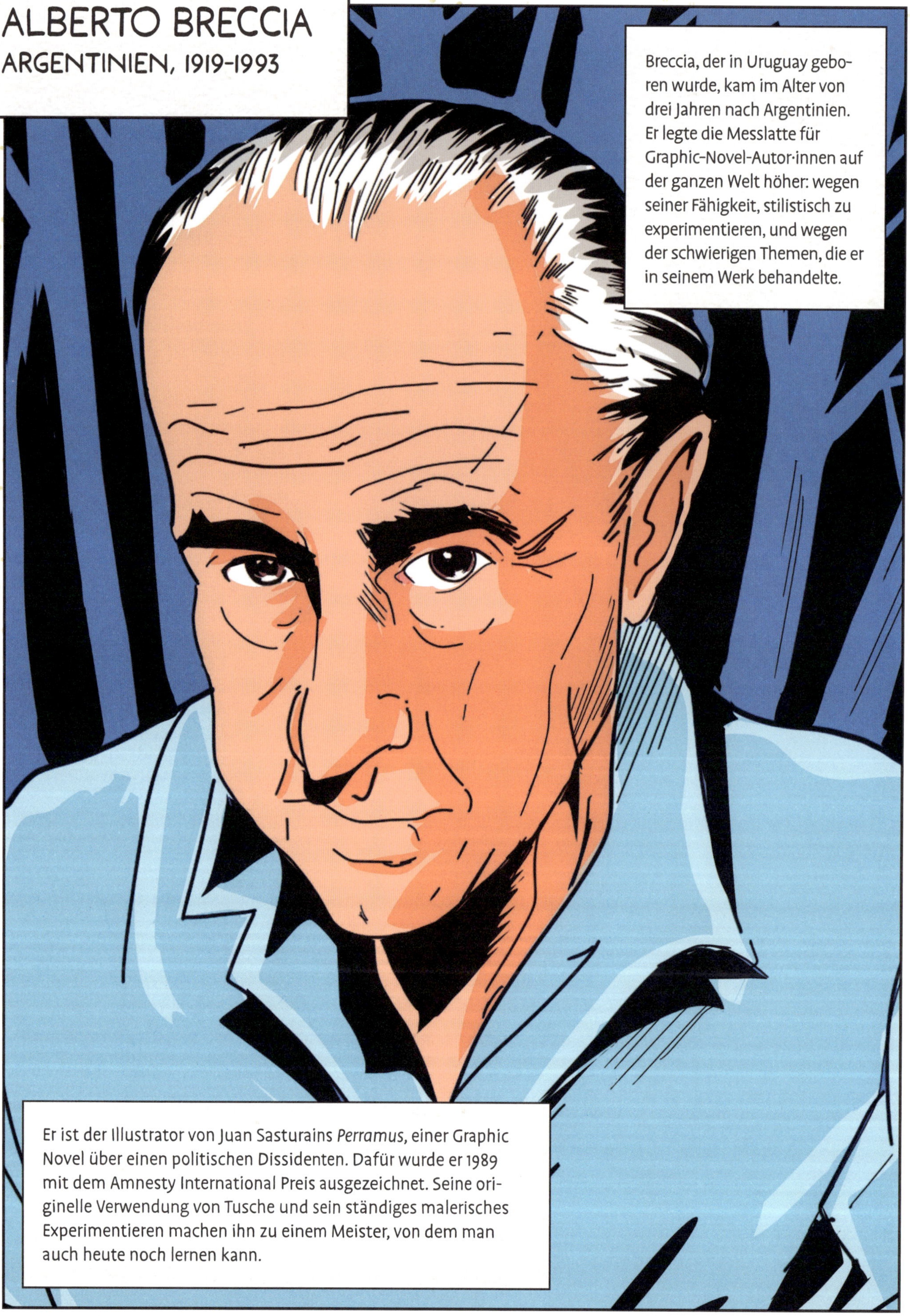

Breccia, der in Uruguay geboren wurde, kam im Alter von drei Jahren nach Argentinien. Er legte die Messlatte für Graphic-Novel-Autor·innen auf der ganzen Welt höher: wegen seiner Fähigkeit, stilistisch zu experimentieren, und wegen der schwierigen Themen, die er in seinem Werk behandelte.

Er ist der Illustrator von Juan Sasturains *Perramus*, einer Graphic Novel über einen politischen Dissidenten. Dafür wurde er 1989 mit dem Amnesty International Preis ausgezeichnet. Seine originelle Verwendung von Tusche und sein ständiges malerisches Experimentieren machen ihn zu einem Meister, von dem man auch heute noch lernen kann.

HUGO PRATT
ITALIEN, 1927–1995

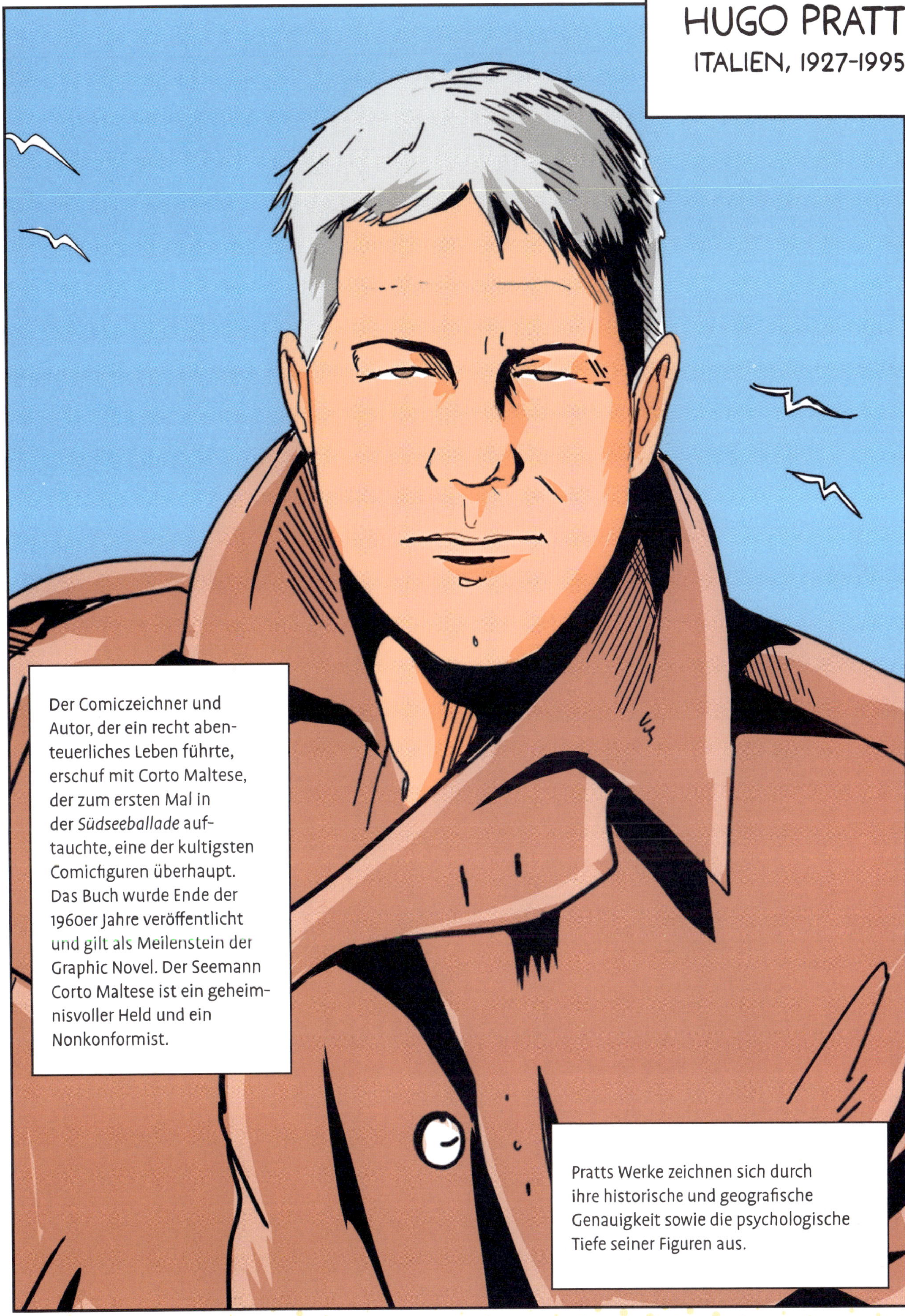

OSAMU TEZUKA
JAPAN, 1928-1989

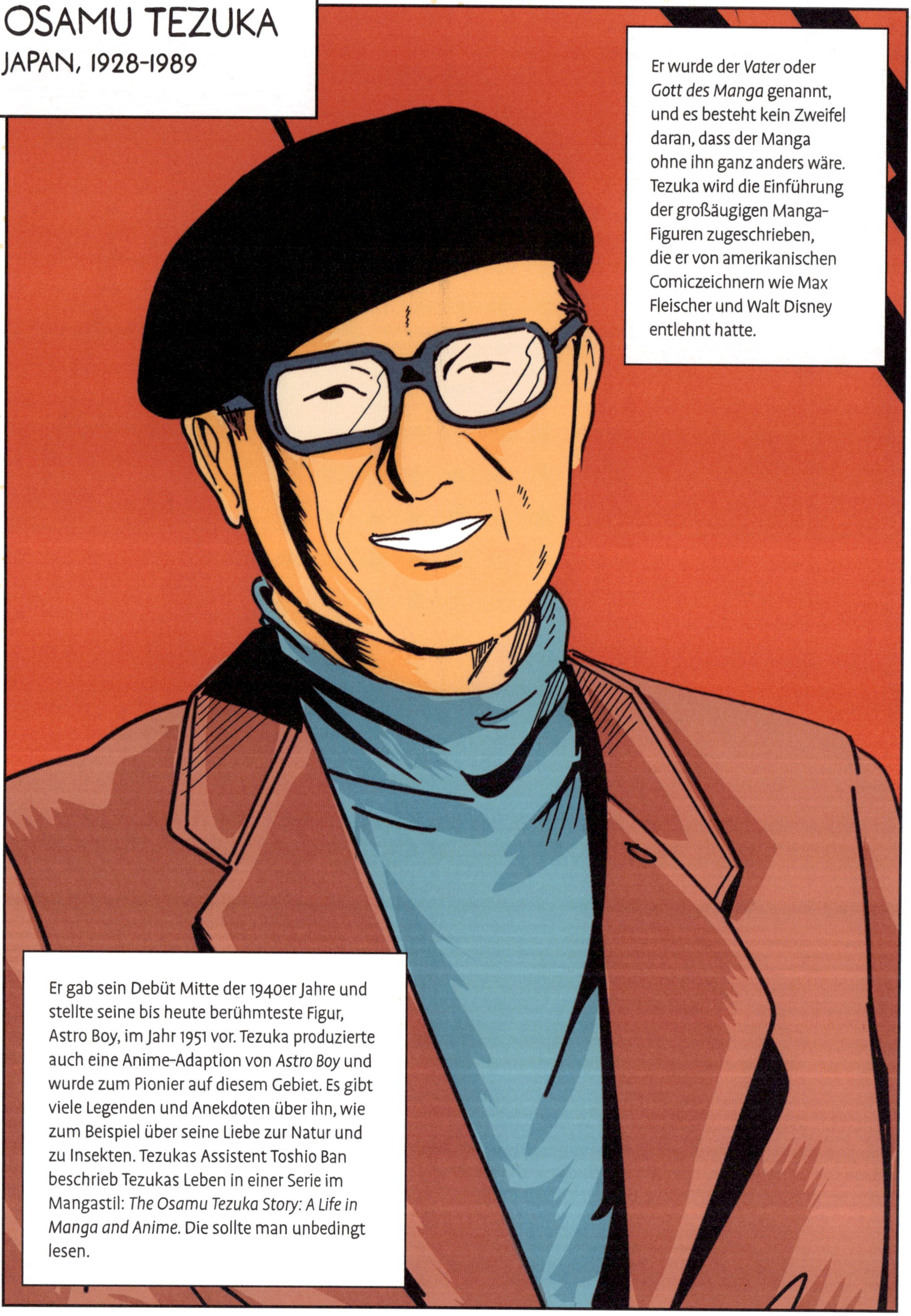

Er wurde der *Vater* oder *Gott des Manga* genannt, und es besteht kein Zweifel daran, dass der Manga ohne ihn ganz anders wäre. Tezuka wird die Einführung der großäugigen Manga-Figuren zugeschrieben, die er von amerikanischen Comiczeichnern wie Max Fleischer und Walt Disney entlehnt hatte.

Er gab sein Debüt Mitte der 1940er Jahre und stellte seine bis heute berühmteste Figur, Astro Boy, im Jahr 1951 vor. Tezuka produzierte auch eine Anime-Adaption von *Astro Boy* und wurde zum Pionier auf diesem Gebiet. Es gibt viele Legenden und Anekdoten über ihn, wie zum Beispiel über seine Liebe zur Natur und zu Insekten. Tezukas Assistent Toshio Ban beschrieb Tezukas Leben in einer Serie im Mangastil: *The Osamu Tezuka Story: A Life in Manga and Anime.* Die sollte man unbedingt lesen.

MOEBIUS
FRANKREICH,
1938–2012

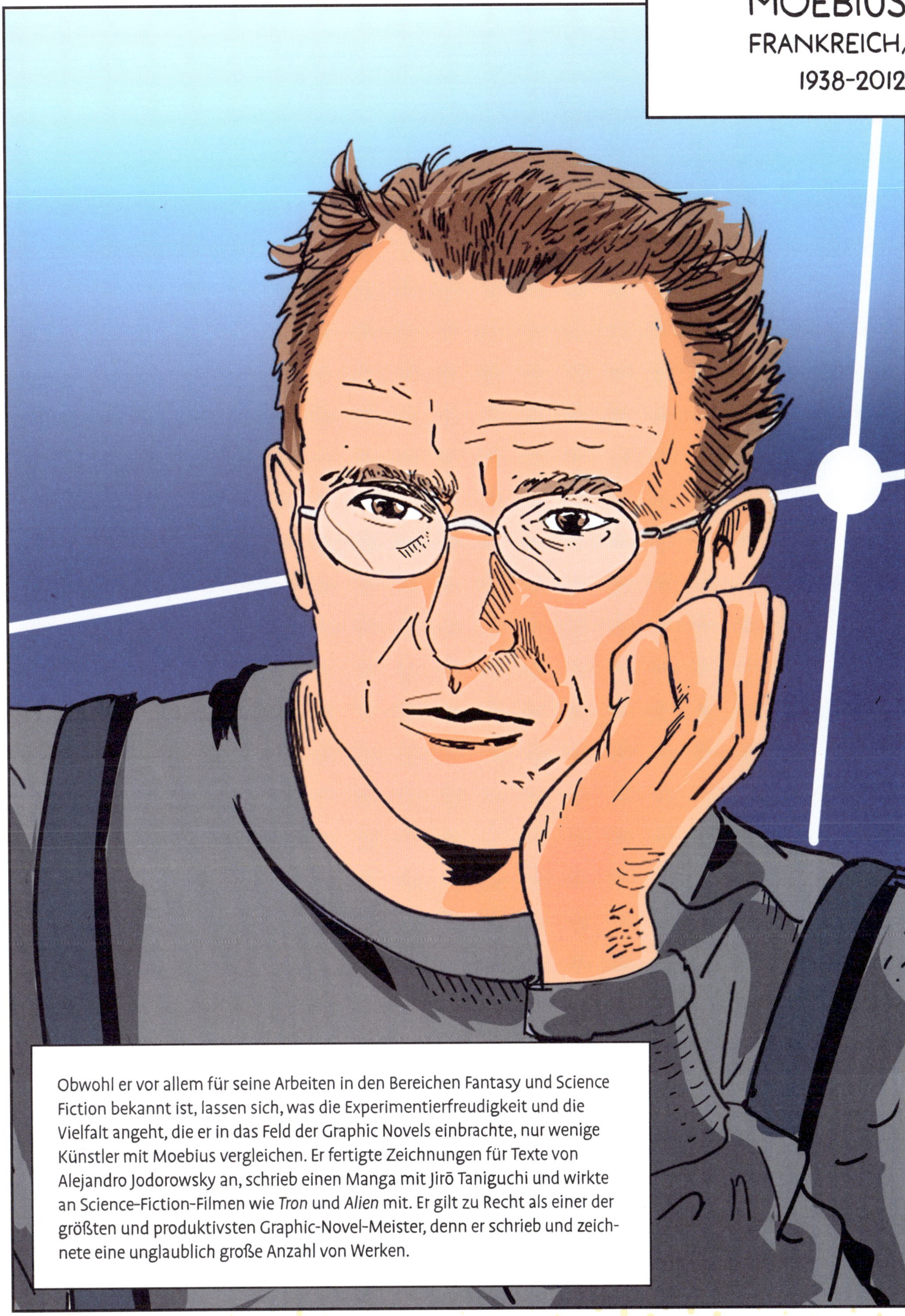

Obwohl er vor allem für seine Arbeiten in den Bereichen Fantasy und Science Fiction bekannt ist, lassen sich, was die Experimentierfreudigkeit und die Vielfalt angeht, die er in das Feld der Graphic Novels einbrachte, nur wenige Künstler mit Moebius vergleichen. Er fertigte Zeichnungen für Texte von Alejandro Jodorowsky an, schrieb einen Manga mit Jirō Taniguchi und wirkte an Science-Fiction-Filmen wie *Tron* und *Alien* mit. Er gilt zu Recht als einer der größten und produktivsten Graphic-Novel-Meister, denn er schrieb und zeichnete eine unglaublich große Anzahl von Werken.

RIYOKO IKEDA

JAPAN, GEB. 1947

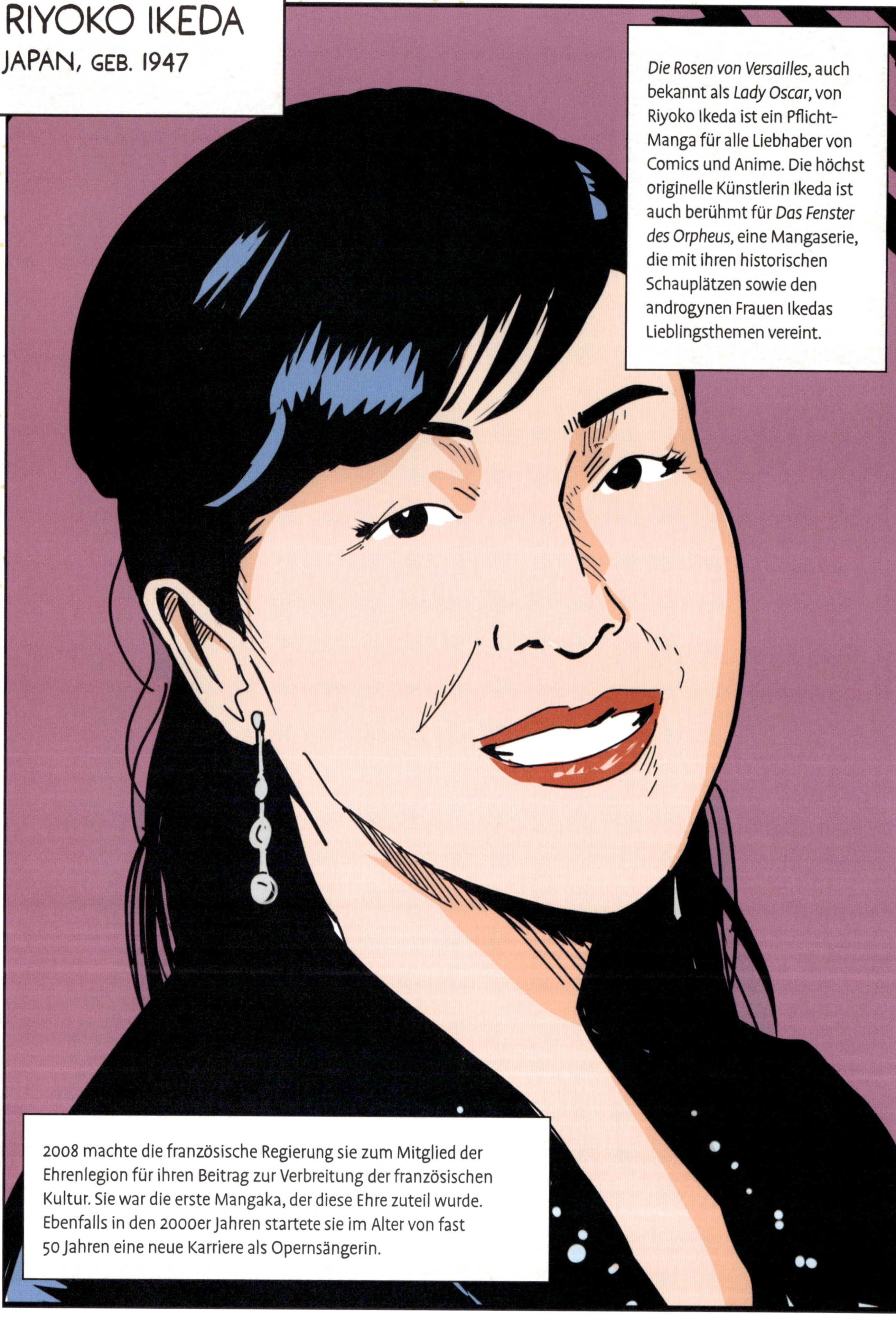

Die Rosen von Versailles, auch bekannt als *Lady Oscar*, von Riyoko Ikeda ist ein Pflicht-Manga für alle Liebhaber von Comics und Anime. Die höchst originelle Künstlerin Ikeda ist auch berühmt für *Das Fenster des Orpheus*, eine Mangaserie, die mit ihren historischen Schauplätzen sowie den androgynen Frauen Ikedas Lieblingsthemen vereint.

2008 machte die französische Regierung sie zum Mitglied der Ehrenlegion für ihren Beitrag zur Verbreitung der französischen Kultur. Sie war die erste Mangaka, der diese Ehre zuteil wurde. Ebenfalls in den 2000er Jahren startete sie im Alter von fast 50 Jahren eine neue Karriere als Opernsängerin.

ART SPIEGELMAN
SCHWEDEN/USA, GEB. 1948

Bevor ich dir etwas über Art Spiegelman erzähle, empfehle ich dir, sein berühmtestes Werk, *Maus*, zu lesen. Sobald du es gelesen hast, wirst du feststellen, dass es für mich nur sehr wenig zu dem hinzuzufügen gibt, was du bereits in *Maus* gelesen hast. (Nur zur Klarstellung: Ich halte es nicht für richtig, jemanden dazu zu zwingen, etwas zu tun, aber wenn ich jemals herausfinden würde, dass *Maus* zur Pflichtlektüre für alle gemacht wurde, wäre ich glücklich.)

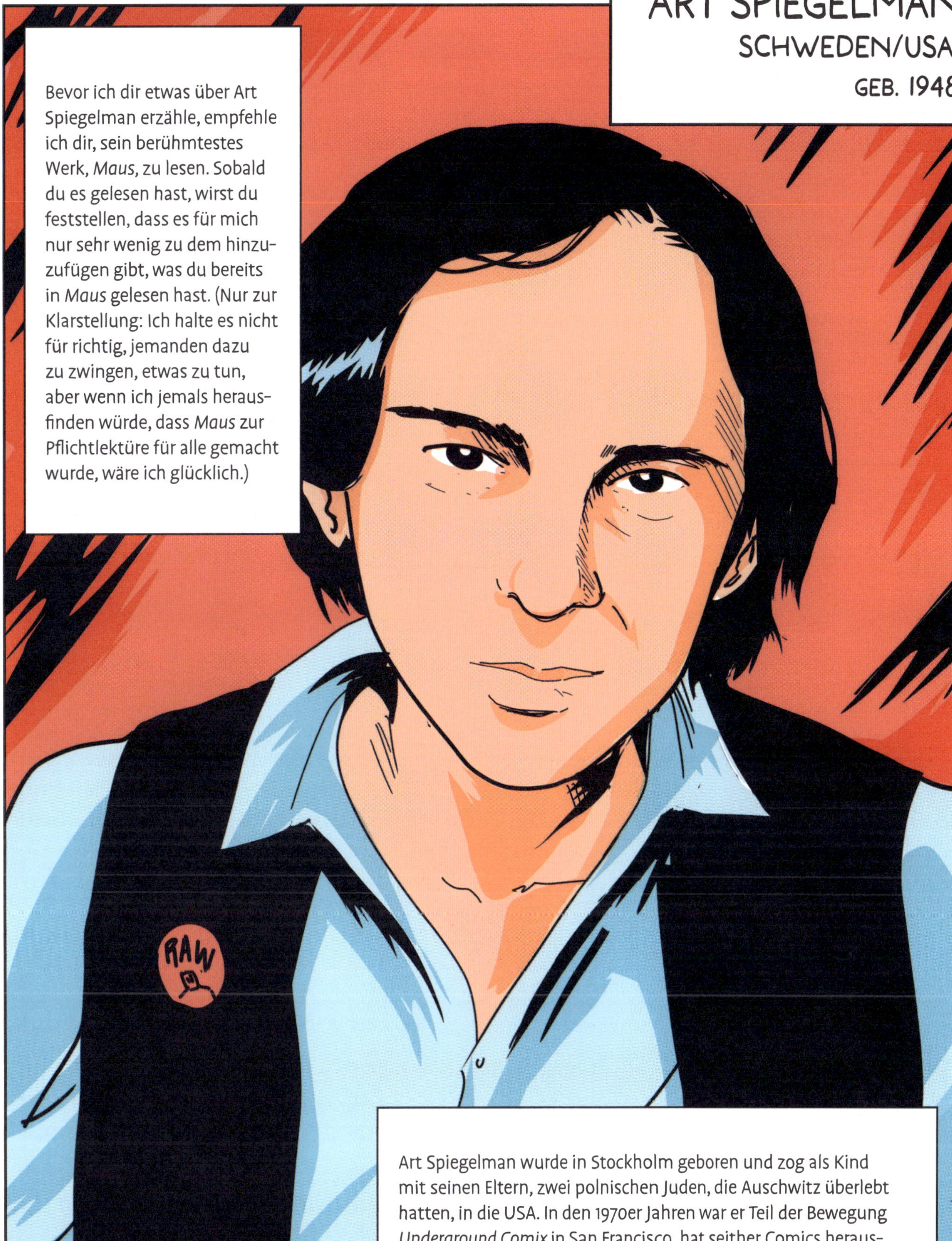

Art Spiegelman wurde in Stockholm geboren und zog als Kind mit seinen Eltern, zwei polnischen Juden, die Auschwitz überlebt hatten, in die USA. In den 1970er Jahren war er Teil der Bewegung *Underground Comix* in San Francisco, hat seither Comics herausgegeben, aber auch eigene Arbeiten veröffentlicht und Grafische Künste unterrichtet. *Maus*, sein bekanntestes Werk, erzählt die Geschichte seines Vaters während des Holocaust.

ALAN MOORE

UK, GEB. 1953

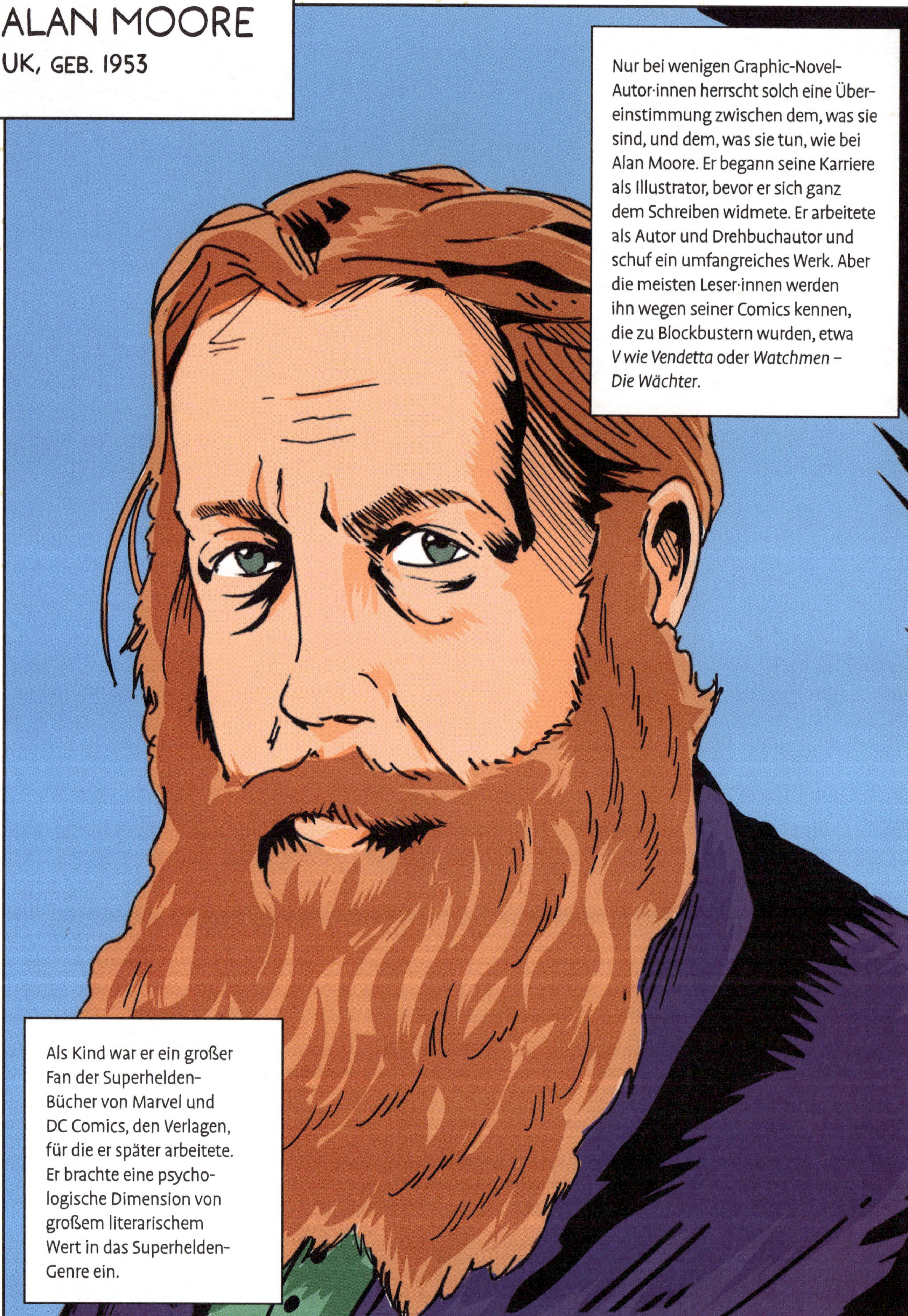

Nur bei wenigen Graphic-Novel-Autor·innen herrscht solch eine Übereinstimmung zwischen dem, was sie sind, und dem, was sie tun, wie bei Alan Moore. Er begann seine Karriere als Illustrator, bevor er sich ganz dem Schreiben widmete. Er arbeitete als Autor und Drehbuchautor und schuf ein umfangreiches Werk. Aber die meisten Leser·innen werden ihn wegen seiner Comics kennen, die zu Blockbustern wurden, etwa *V wie Vendetta* oder *Watchmen – Die Wächter*.

Als Kind war er ein großer Fan der Superhelden-Bücher von Marvel und DC Comics, den Verlagen, für die er später arbeitete. Er brachte eine psychologische Dimension von großem literarischem Wert in das Superhelden-Genre ein.

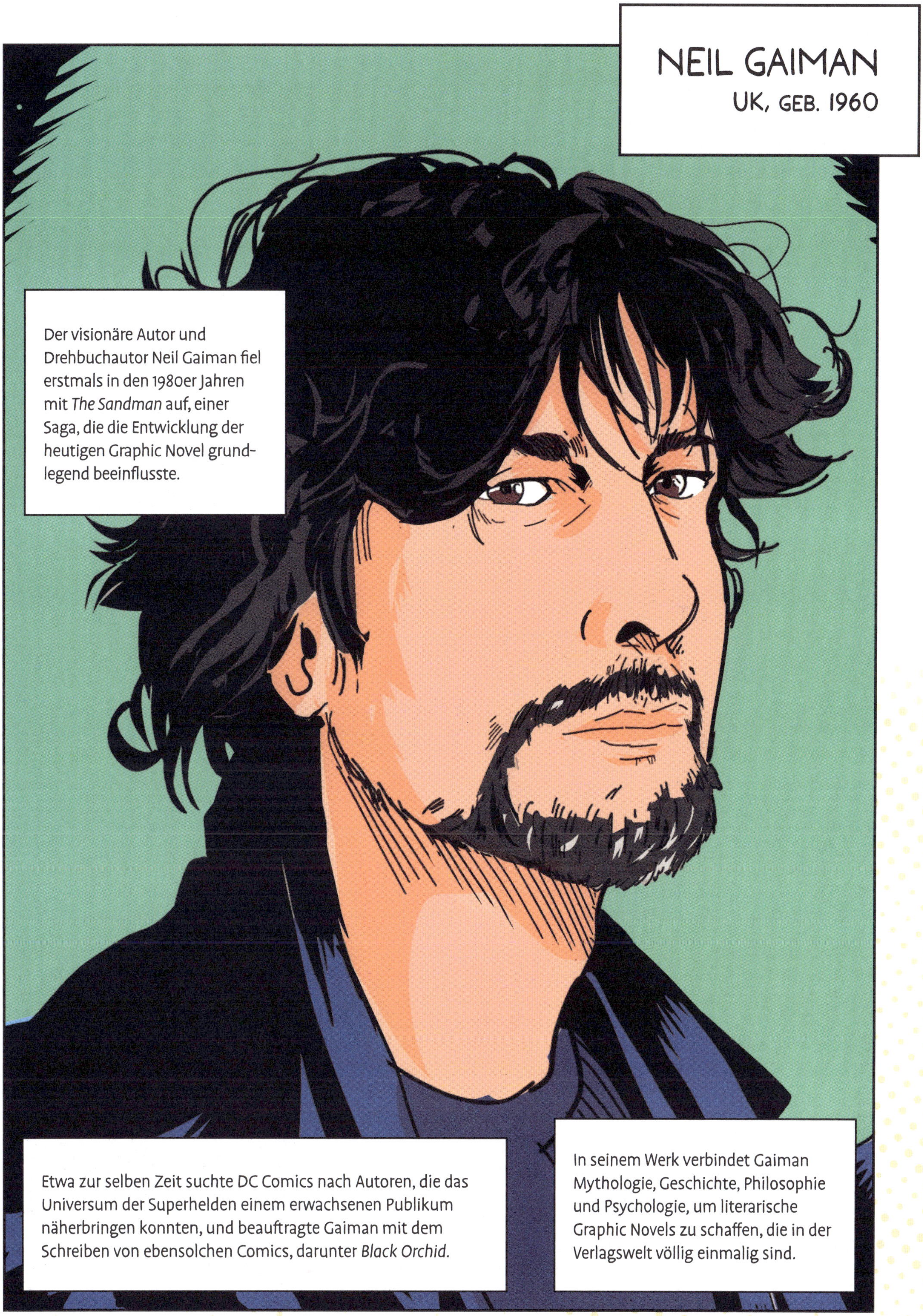
NEIL GAIMAN
UK, GEB. 1960
Der visionäre Autor und Drehbuchautor Neil Gaiman fiel erstmals in den 1980er Jahren mit *The Sandman* auf, einer Saga, die die Entwicklung der heutigen Graphic Novel grundlegend beeinflusste.
Etwa zur selben Zeit suchte DC Comics nach Autoren, die das Universum der Superhelden einem erwachsenen Publikum näherbringen konnten, und beauftragte Gaiman mit dem Schreiben von ebensolchen Comics, darunter *Black Orchid*.
In seinem Werk verbindet Gaiman Mythologie, Geschichte, Philosophie und Psychologie, um literarische Graphic Novels zu schaffen, die in der Verlagswelt völlig einmalig sind.

MARJANE SATRAPI

IRAN/FRANKREICH, GEB. 1969

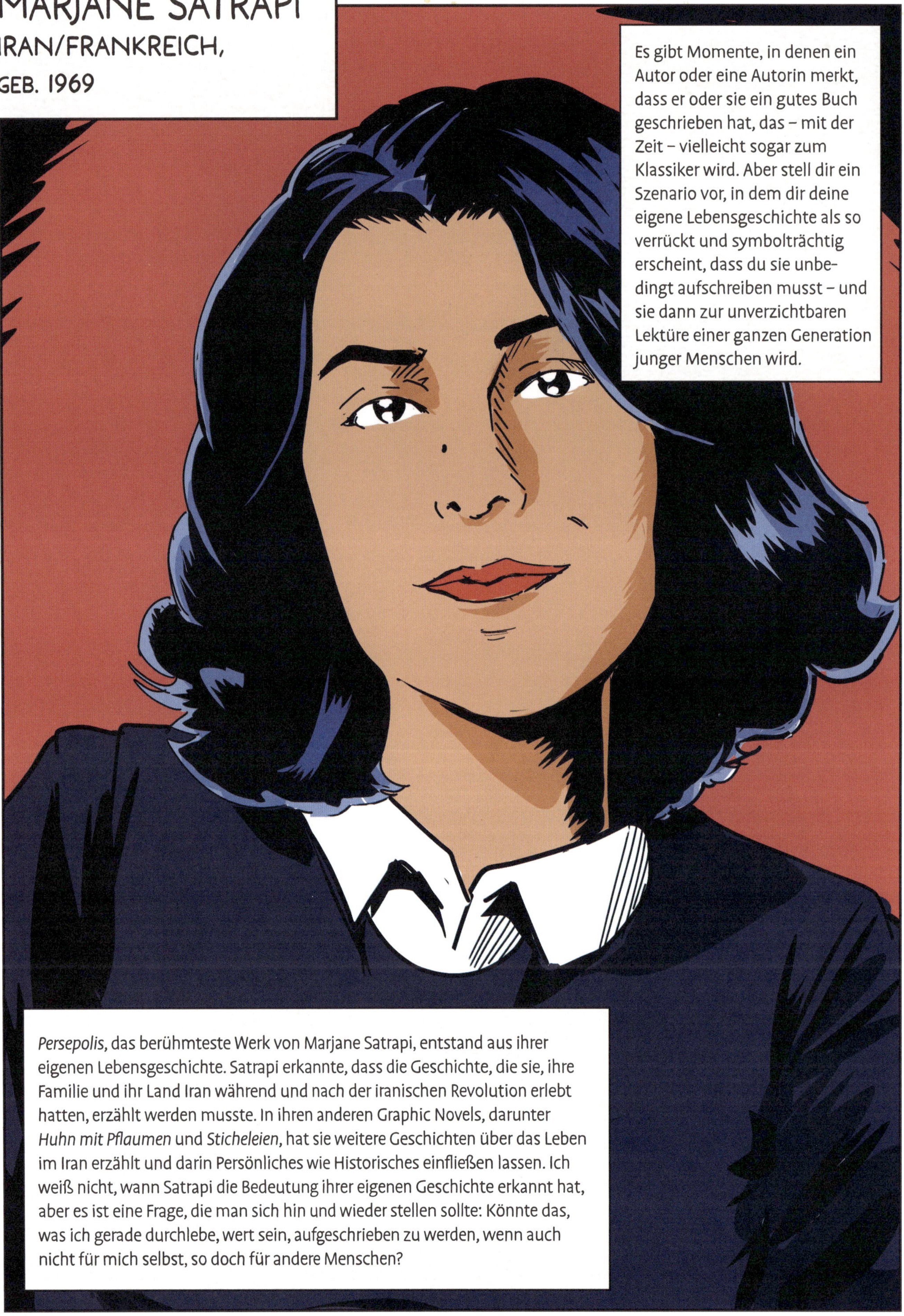

Es gibt Momente, in denen ein Autor oder eine Autorin merkt, dass er oder sie ein gutes Buch geschrieben hat, das – mit der Zeit – vielleicht sogar zum Klassiker wird. Aber stell dir ein Szenario vor, in dem dir deine eigene Lebensgeschichte als so verrückt und symbolträchtig erscheint, dass du sie unbedingt aufschreiben musst – und sie dann zur unverzichtbaren Lektüre einer ganzen Generation junger Menschen wird.

Persepolis, das berühmteste Werk von Marjane Satrapi, entstand aus ihrer eigenen Lebensgeschichte. Satrapi erkannte, dass die Geschichte, die sie, ihre Familie und ihr Land Iran während und nach der iranischen Revolution erlebt hatten, erzählt werden musste. In ihren anderen Graphic Novels, darunter *Huhn mit Pflaumen* und *Sticheleien*, hat sie weitere Geschichten über das Leben im Iran erzählt und darin Persönliches wie Historisches einfließen lassen. Ich weiß nicht, wann Satrapi die Bedeutung ihrer eigenen Geschichte erkannt hat, aber es ist eine Frage, die man sich hin und wieder stellen sollte: Könnte das, was ich gerade durchlebe, wert sein, aufgeschrieben zu werden, wenn auch nicht für mich selbst, so doch für andere Menschen?

JILLIAN TAMAKI

KANADA, GEB. 1980

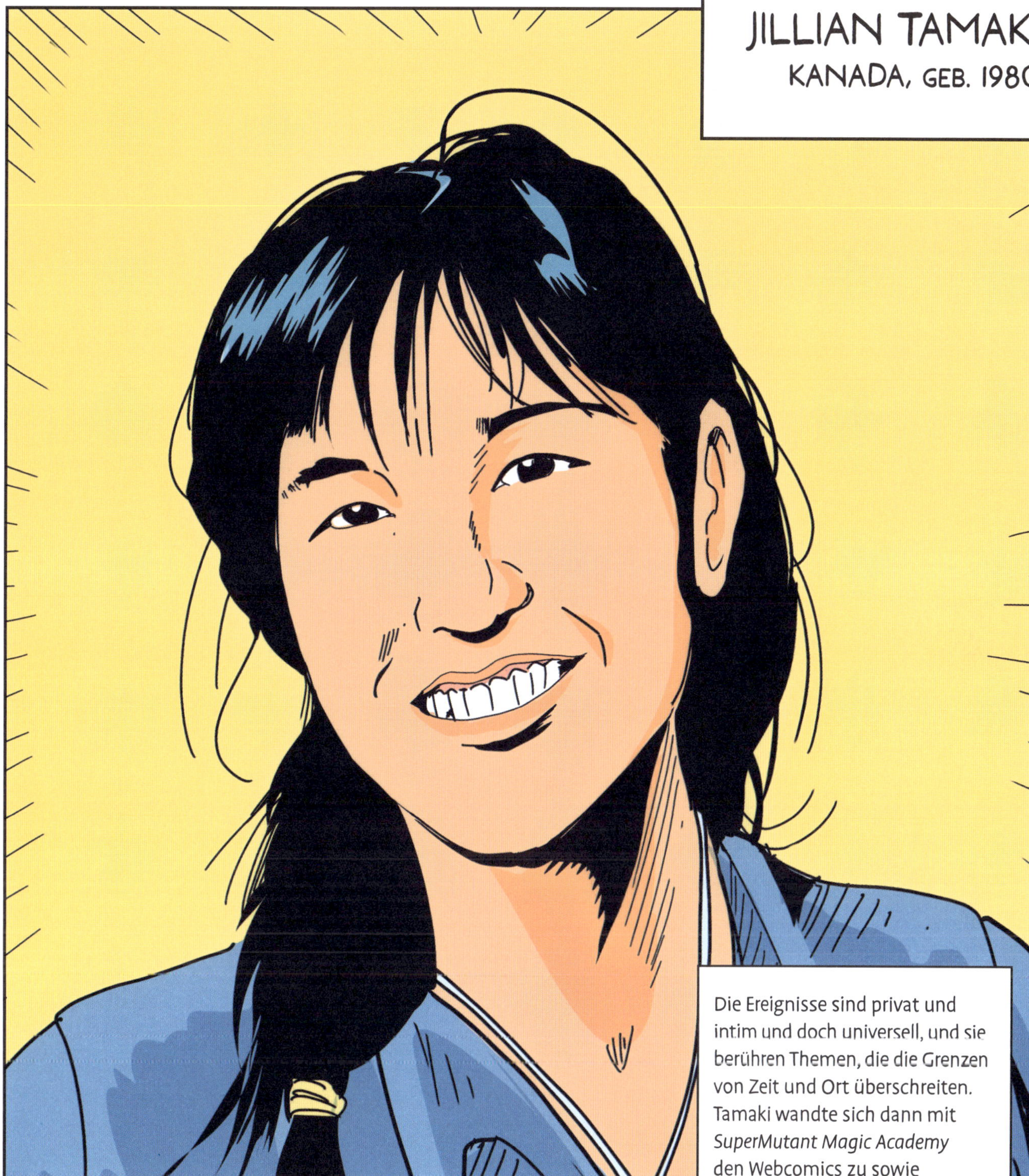

Jillian Tamaki begann 2003 mit dem Zeichnen von Comics. Ihre preisgekrönte Graphic Novel *Ein Sommer am See*, geschrieben von ihrer Cousine Mariko Tamaki, ist berühmt und berüchtigt zugleich. Sie wurde von der American Library Association als eines der herausforderndsten Bücher aufgelistet, weil es sich unter anderem mit Sexualität und Drogenkonsum auseinandersetzt. Die Story ist so leicht wie eine Sommererinnerung an jene Zeit unseres Lebens, in der wir die Kindheit hinter uns ließen und die Pubertät begann, und sie hinterlässt gleichzeitig einen Eindruck, der so tief ist wie der Ozean.

Die Ereignisse sind privat und intim und doch universell, und sie berühren Themen, die die Grenzen von Zeit und Ort überschreiten. Tamaki wandte sich dann mit *SuperMutant Magic Academy* den Webcomics zu sowie mit *Boundless* grafischen Kurzgeschichten. Obgleich ihre Werke sich mit scheinbar einfachen Dingen aufhalten, mit unbedeutenden Details und verblassenden Erinnerungen, stecken in ihnen doch stets große Wahrheiten. Ganz so, wie in der Geschichte, die du gerade schreiben willst – stimmt doch, oder?

INTERVIEWS MIT AUTOR·INNEN

Es ist nun an der Zeit, einige erfahrene **GRAPHIC NOVELISTS ZU WORT KOMMEN ZU LASSEN.** Die folgenden Interviews geben Einblick in die kreative Praxis von fünf Künstler·innen. Die Vielfalt ihrer Arbeitsweisen, ihres Stils und ihrer Inspirationsquellen sind Beweis dafür, dass es **NICHT NUR EINEN WEG GIBT, EINE GRAPHIC NOVEL ZU ZEICHNEN!**

NINA BUNJEVAC

IST EINE SERBISCH-KANADISCHE GRAPHIC-NOVEL-AUTORIN, GEBOREN 1973 IN WELLAND, KANADA

Wann hast du angefangen zu zeichnen?

Ich habe schon sehr früh mit dem Zeichnen begonnen. Um genau zu sein, war es so früh, dass ich mich nicht mehr genau erinnern kann, wann. Mir kommt das vor, als sei es schon immer ein Teil meines Lebens gewesen.

Wer waren deine Lehrer·innen?

Meine Großmutter und mein Großvater. Er hat mir beigebracht, wie man einen Bleistift hält, und sie hat mir die Liebe zum Lernen eingeflößt.

Hast du drei Tipps für junge Künstler·innen?

1. Überspringe keine Stufen in der Kunsterziehung.
2. Folge nicht den Trends in der Kunst.
3. Lerne jeden Tag etwas Neues.

Wo beginnt für dich der kreative Prozess: auf dem Papier, im Kopf oder an beiden „Orten" gleichzeitig? Und woher beziehst du deine Inspiration hauptsächlich?

Der kreative Prozess findet gleichermaßen auf dem Papier und im Kopf statt. Der Teil mit den Ideen beginnt natürlich im Kopf. Es fühlt sich oft so an, als kämen die Ideen aus dem Nichts, und sie neigen dazu, genau dann zu kommen, wenn ich sie am wenigsten erwarte. Die Inspiration stammt aus den Bereichen, für die ich mich begeistere: Independent- und Noir-Kino, Tiefenpsychologie, Geschichte, Mythologie und Alchemie. Es ist sehr wichtig für Künstler·innen, ständig zu wachsen und zu lernen.

v> Unten: Skizzen aus *La Réparation*

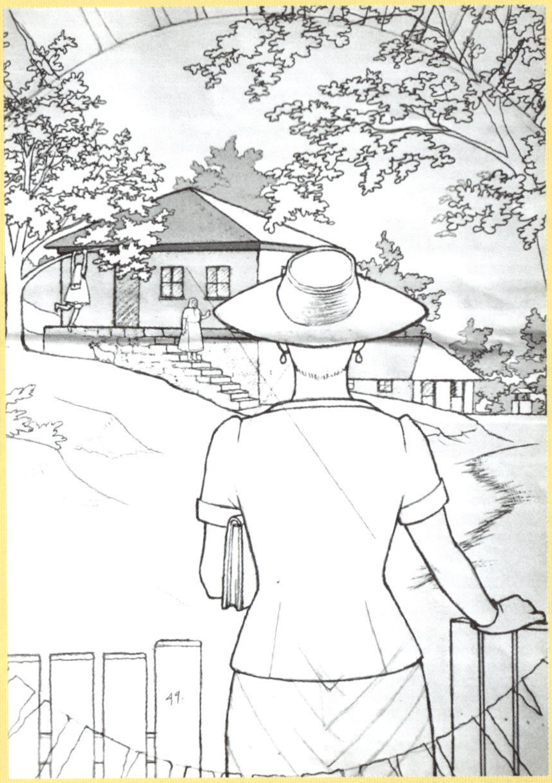

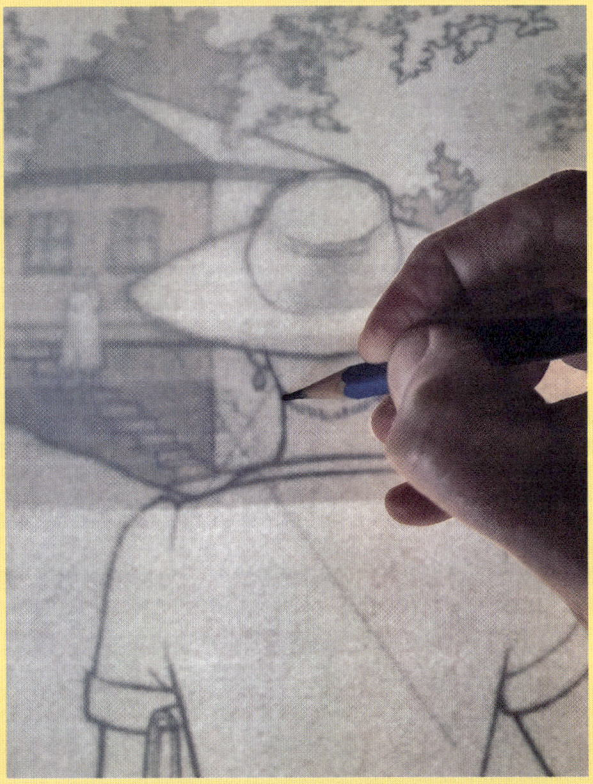

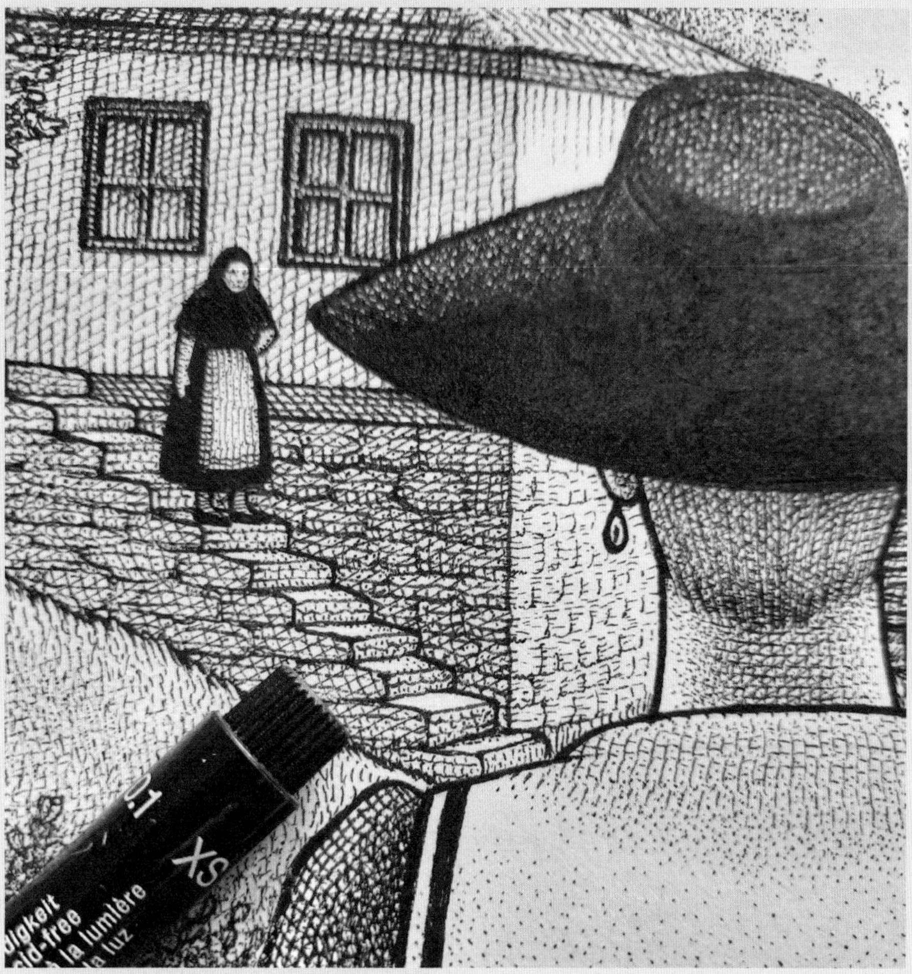

< Lineart aus *La Réparation*

Arbeitest du lieber analog oder digital? Und warum?

Ich arbeite zu etwa 85 % analog und zu etwa 15 % digital. Ich skizziere ausschließlich mit der Hand, aber dann scanne ich meine Skizzen ein und bearbeite sie in Photoshop. Das heißt, ich „putze" sie, ändere ihre Größe und positioniere sie neu. Die endgültige Skizze wird dann ausgedruckt und über dem Leuchttisch auf gutes Papier übertragen. Das Inking erfolgt von Hand. Die endgültigen Zeichnungen werden dann wieder gescannt und in Photoshop „geputzt". Das funktioniert für mich gut, denn es spart Zeit, besonders wenn ich die Größe eines Elements ändern muss, und es spart Papier.

Gibt es Geschichten, die deiner Meinung nach besser in Comics erzählt werden können als in einer anderen künstlerischen Sprache? Und wenn ja, warum?

Graphic Novels eignen sich sehr gut für den Unterricht, vor allem, wenn es um Geschichte, Mythologie oder um soziale Belange geht. Comics sind ein großartiges Medium, mit dem Lernen und Bildung Spaß macht.

Was liebst du am meisten an Graphic Novels?

Die Vielseitigkeit in Bezug auf Genre und Stil. Es lässt so viel Raum zum Experimentieren.

Was liebst du am meisten an deinem Job?

Das kostenfreie Reisen zu Lesungen und Festivals; außerdem die flexiblen Arbeitszeiten.

Wie viele unveröffentlichte Geschichten hast du noch in der „Schublade"?

Ich habe keine unveröffentlichten Geschichten, aber ich habe drei Geschichten, die nie fertiggestellt worden sind.

ELISA MACELLARI

IST EINE THAILÄNDISCH-ITALIENISCHE GRAPHIC-NOVEL-KÜNSTLERIN, GEBOREN 1981 IN PERUGIA, ITALIEN

Wann hast du angefangen zu zeichnen?

Ich habe schon als Kind angefangen, sobald ich einen Stift in der Hand halten konnte. Das Zeichnen war immer meine Lieblingsbeschäftigung. Ich habe abgemalt, was um mich herum war, mein Zimmer, mein Spielzeug, Zeichnungen in Büchern. Später schrieb ich mich an der Akademie der Schönen Künste ein, und das nahm dann den größten Teil meiner Zeit in Anspruch.

Was zeichnest du besonders gerne?

Ich liebe es, Dschungel, Pflanzen und florale Muster, geheimnisvolle Kreaturen, seltsame Objekte und wilde Tiere zu zeichnen. Ich liebe Affen, besonders Gibbons. Ihre Anatomie ist wirklich faszinierend.

Hast du drei Tipps für junge Künstler·innen?

Zeichne viel und hab keine Angst, etwas auszuprobieren. Manchmal sind die Dinge, die wir instinktiv tun, die effektivsten. Versuch zu verstehen, wer wir wirklich sind und woher wir kommen, sei beim Zeichnen immer ehrlich und vermeide es, andere Menschen zu imitieren. Lass dich nicht entmutigen, wenn du Fehler gemacht hast. Fehler sind essentiell, wenn die Arbeit gut werden soll.

Wo beginnt für dich der kreative Prozess: auf dem Papier, im Kopf oder an beiden „Orten“ gleichzeitig? Und woher beziehst du deine Inspiration hauptsächlich?

Meine Hauptinspiration ist das Reisen. Ich zeichne selten vor Ort, aber ich nehme viele Fotos, Geschichten, Gesichter, Dekorationen und Details, die mir aufgefallen sind, mit nach Hause. Dann braucht es eine Weile, in der ich alles geistig verarbeite, und das, was ich entdeckt habe, kommt dann zu den unterschiedlichsten Zeiten

∨ Unten: Seiten aus *Kusama: The Graphic Novel*

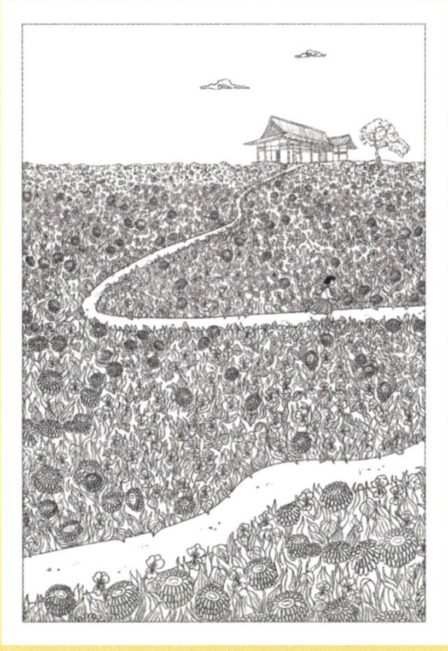

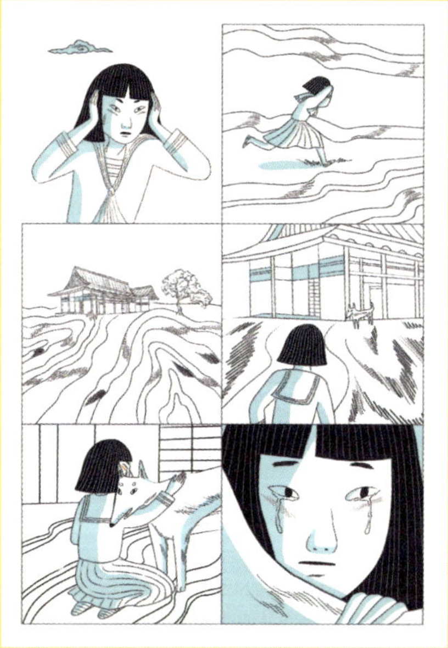

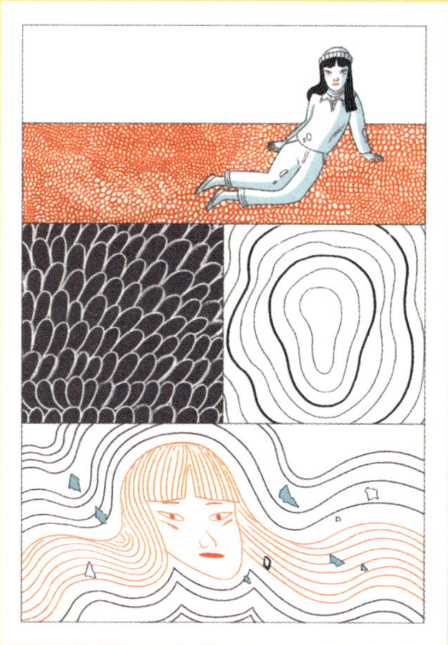

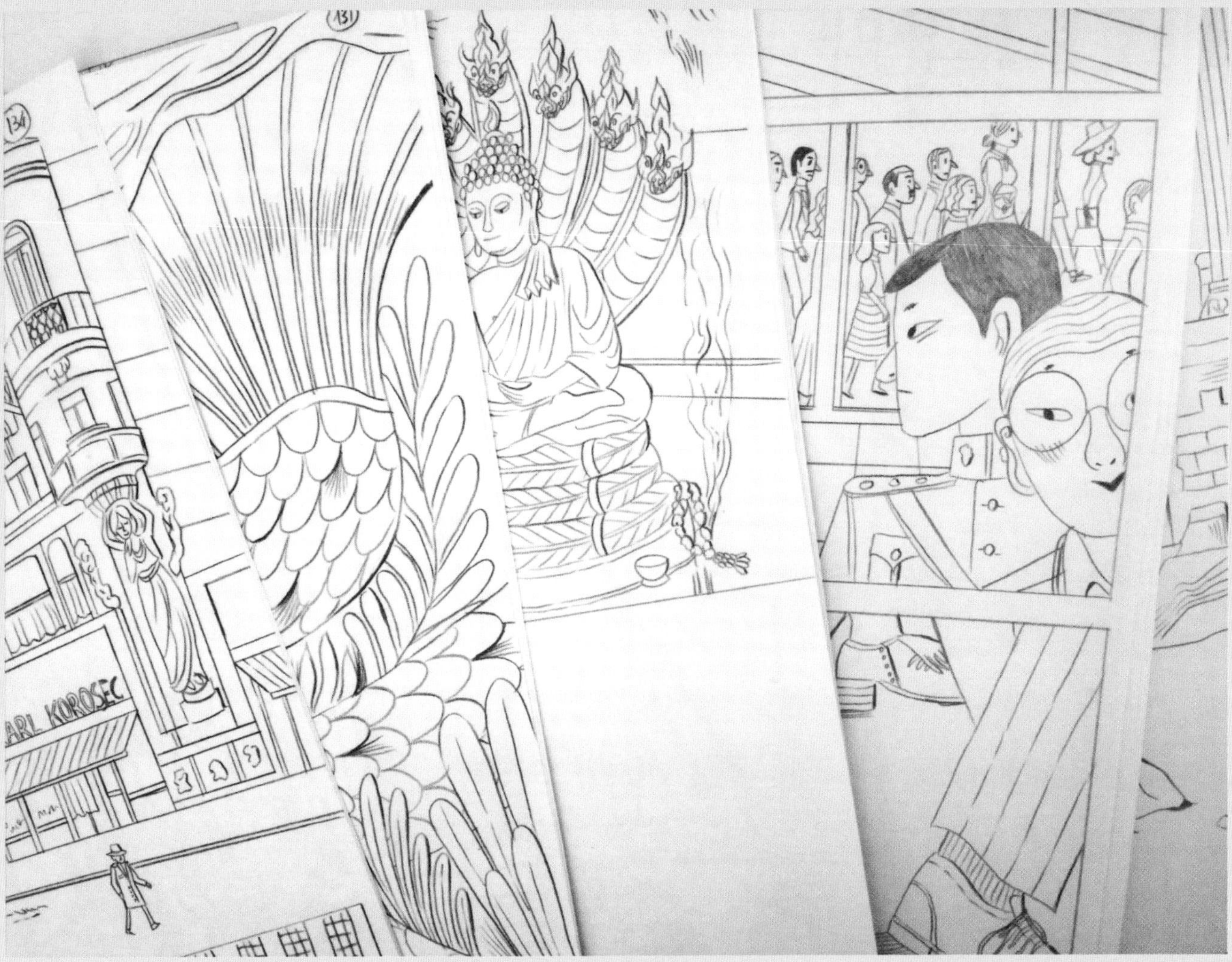

^ Skizzen aus *Papaya Salad*

wieder zum Vorschein. Die überraschendsten Verbindungen sind die unerwarteten.

Arbeitest du lieber analog oder digital? Und warum?

Meiner Meinung nach sollte die Technik der Idee entsprechen, die wir im Kopf haben. Also funktioniert es manchmal besser, analog zu zeichnen, manchmal besser digital.

Gibt es Geschichten, die deiner Meinung nach besser in Comics erzählt werden können als in einer anderen künstlerischen Sprache? Und wenn ja, warum?

Ich mag menschelnde Geschichten; Geschichten über Menschen, über Dinge, die sie wirklich erlebt haben, die wir mitfühlen und mit denen wir uns identifizieren können. Comics machen es möglich, über äußere Landschaften, aber auch über innere Welten zu sprechen, die auf andere Weise nicht leicht zu visualisieren sind. Comics ermöglichen es uns, uns zwischen inneren und äußeren Welten zu bewegen, und auch Menschen dazu zu bringen, wirklich aufmerksam zuzuhören.

Was liebst du am meisten an deiner Arbeit?

Die Fähigkeit, Gedanken auszudrücken, die ich mit Worten allein nicht ausdrücken könnte, und die Chance, das Leben fremder Menschen zu berühren, und sei es nur durch ein Buch oder eine Illustration.

BEN PASSMORE

IST EIN AMERIKANISCHER GRAPHIC NOVELIST, GEBOREN 1983 IN MASSACHUSETTS, USA

Wann hast du angefangen zu zeichnen?

Ich habe wahrscheinlich schon als Kind angefangen zu zeichnen, wie die meisten Leute. Irgendwann wusste ich, dass Zeichnen meine Leidenschaft ist, weil ich diese teuren Magazine über Superhelden-Comics bekam und den ganzen Tag damit verbrachte, Batman wie Jim Lee zu zeichnen. Ich habe es aber nie ganz geschafft, so zu zeichnen wie Jim Lee …

Was liebst du am Zeichnen?

Ich weiß nicht, ob ich das Zeichnen liebe, es ist eher eine Erweiterung von mir selbst. Vielleicht liebe ich es auf die gleiche Weise, wie ich peinliche Teile meines Körpers liebe. Vielen Jungen wird beigebracht, Dinge zu unterdrücken, die nicht zeigen, wie toll sie sind; und das Zeichnen war dieses beruhigende Licht, das ich in einem dunklen Versteck aufbewahrte und das mich daran erinnerte, wer ich war. Es war eine seltsame Umstellung, das Zeichnen zu meinem Beruf zu machen, aber andererseits fühle ich mich auf dem Blatt mehr wahrgenommen als im wirklichen Leben.

Hast du drei Tipps für junge Künstler·innen?

Jung zu sein, ist heute ganz anders, als es damals für mich war. Das Leben war von vornherein sehr viel privater, und du musstest ziemlich hart dafür arbeiten, deine Werke Freunden zu präsentieren, geschweige denn völlig Fremden. Du solltest also immer einen Teil von dir für dich behalten. Geh raus und mach interessante Erfahrungen, die nur für dich bestimmt sind. Nimm dir besonders viel Zeit, Dinge zu zeichnen, die du nicht gerne zeichnest. Wenn du in komplizierter Arbeit und Abgabeterminen

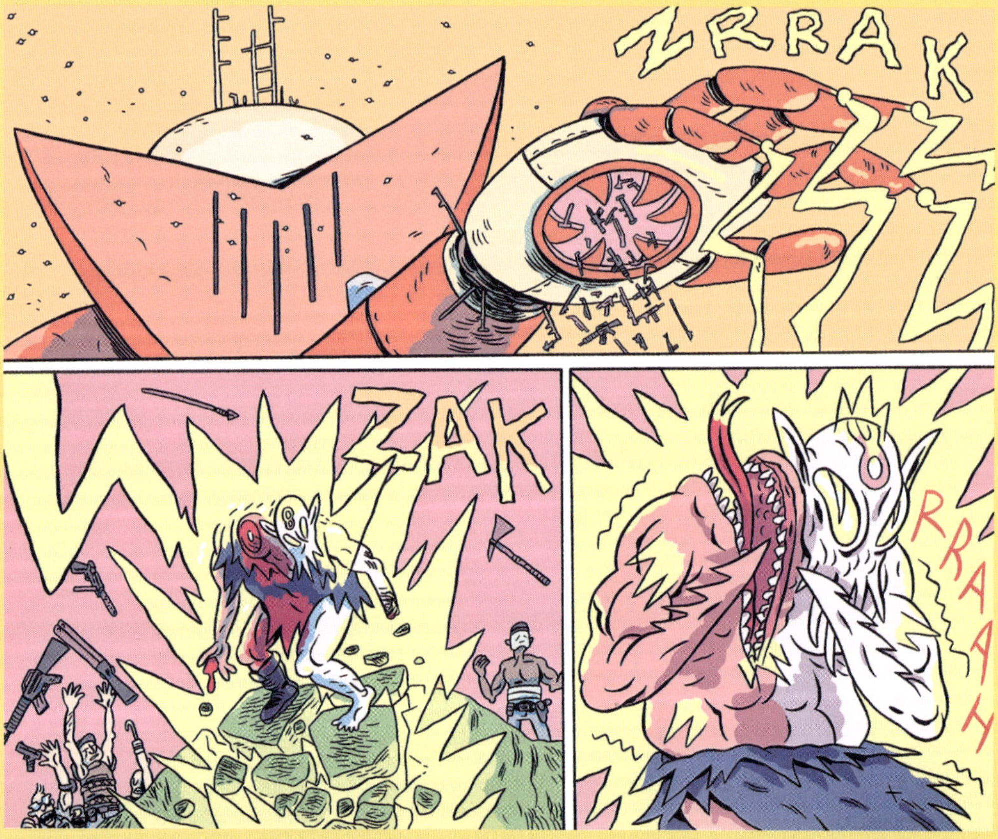

< Panels aus *Daygloayhole*, Issue Three

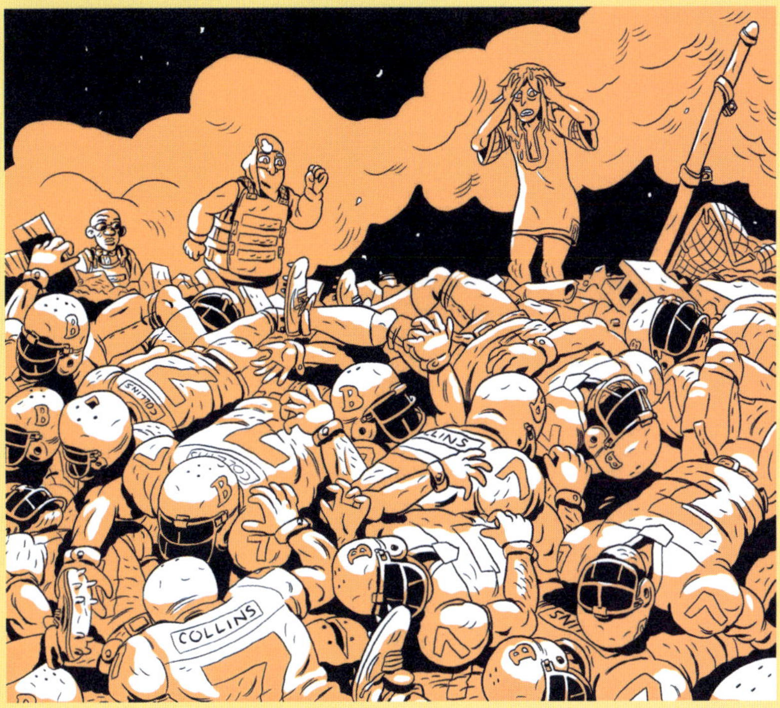

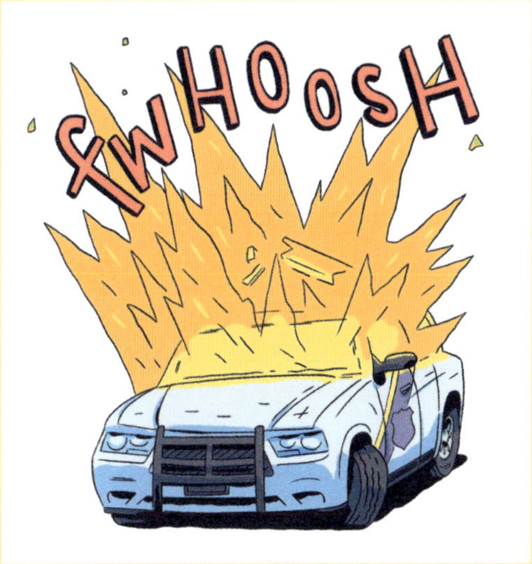

∧ Oben: Artwork aus *City Of Brotherly Riots*
< Links: Artwork aus *Sports Is Hell*

ertrinkst, wird dir das auf eine Weise helfen, die du gar nicht erwartest.

Wo beginnt für dich der kreative Prozess: auf dem Papier, im Kopf oder an beiden „Orten" gleichzeitig? Und woher beziehst du deine Inspiration hauptsächlich?

Obwohl ich mich in meiner Arbeit oft mit gesellschaftspolitischen Themen auseinandersetze, beginne ich jeden Comic mit der Frage, was ich persönlich mit dem Thema zu tun habe. Ich gehe eine Runde um den Block, setze mich dann hin, mache mir Notizen und schreibe Sätze auf, die mir dazu in den Sinn kommen. Manchmal weiß ich die Antwort auf die Frage erst, wenn ich viel recherchiert habe und noch ein paar Mal spazieren gegangen bin.

Wie kann ein junger Graphic-Novel-Fan Erwachsene, die keine Graphic Novels mögen, dazu bringen, sie zu lesen?

Ehrlich gesagt habe ich das Gefühl, dass es in den USA eher umgekehrt ist: Ältere Leute versuchen, junge Leute davon zu überzeugen, Comics zu mögen. Für mich ist es ein wunderschönes Ritual, in eine Buchhandlung zu gehen und etwas Neues zu finden. Diese Art von Schatzsuche ist ein starkes kulturelles Element der Liebe zu Comics, das ich versuche, mit anderen Menschen zu teilen.

Was liebst du am meisten an Graphic Novels?

Die Comics, die ich am meisten mag, sind fast immer einzigartige Visionen eines Einzelnen – jemandes, der von einer Idee so überwältigt war, dass er sich in einen Raum eingeschlossen hat und dann mit diesem Buch wieder herausgekommen ist. Beim Lesen hat man dann das Gefühl, dass man den Schlüssel zum Gehirn von jemandem bekommen hat. Es ist wirklich aufregend. Ich glaube, keine andere Kunst fühlt sich für mich so an.

Gibt es eine Story, die du jetzt gerne machen würdest? Kannst du mir davon erzählen?

Das Erste, was ich nach Abschluss eines Projekts tun möchte, ist immer, eine Fortsetzung zu schreiben. Ich habe stets das Gefühl, dass ich noch mehr über ein Thema sagen oder mehr mit den Figuren machen möchte. Ich weiß nicht, ob das Enthusiasmus ist oder schlechtes Schreiben. Ich habe früher mal eine dystopische Science-Fiction-Serie geschrieben, bevor ich eine Karriere als Sachbuchautor gemacht habe, und ich denke immer wieder darüber nach, dorthin zurückzukehren.

PETER KUPER

IST EIN AMERIKANISCHER GRAPHIC NOVELIST, GEBOREN 1958 IN NEW JERSEY, USA

Wann hast du angefangen zu zeichnen?

Wie die meisten Kinder habe ich gekritzelt, sobald ich einen Buntstift halten konnte. Ein paar Mal habe ich eine Zeichnung gemacht, die ich gut fand, aber wirklich ernsthaft losgelegt habe ich mit etwa 15, als ich begann, ein Skizzenbuch zu führen.

Wer waren deine Lehrer·innen?

Im Laufe der Jahre hatte ich mehrere. Ich war auf einer Kunstschule, aber das Betrachten von Kunst in Museen und das Lesen von Comics und anderen Büchern waren die besten Lehrer.

Was zeichnest du am liebsten?

Insekten – meine andere Liebe und mein Interesse. Alle Arten.

Hast du drei Tipps für junge Künstler·innen?

1. Scheitern gehört zum Prozess dazu, und wenn man sich aufrafft und am nächsten Tag mit Enthusiasmus weitermacht, hat man eine Chance, Karriere zu machen. Jeder scheitert irgendwann einmal, manchmal sogar regelmäßig!
2. Tu etwas, das du liebst, also finde heraus, wofür du brennst, denn du hast nur ein Publikum sicher (dich selbst). Wenn du also nur Arbeiten machst, von denen du glaubst, dass sie anderen gefallen könnten, und dem dann nicht so ist, hast du am Ende möglicherweise gar kein Publikum.
3. Mach dir keine Gedanken über deinen Stil. Stil ist wie Kleidung – wenn du sie zu lange trägst, fängt sie an zu riechen.
4. Bonustipp! Auch wenn es nicht dein Beruf wird, hör nie auf zu zeichnen – allein der Akt, einen Stift auf Papier zu bringen, macht Freude, und die Sorge, damit Geld zu verdienen zu müssen, kann einem manchmal diese Freude rauben.

Gibt es bei deiner Arbeit ein Ritual?

Zeichnen ist wie Sport – wenn man es regelmäßig macht, wird man es lieben. Wenn man es nicht regelmäßig macht, kommt man aus der Übung und macht immer weniger. Wenn ich nicht regelmäßig zeichne, werde ich traurig. Also bin ich motiviert zu zeichnen. Es kann eine Form der Therapie sein.

Arbeitest du lieber analog oder digital? Und warum?

Ich mache beides, aber ich versuche immer, auf dem Papier zu beginnen. Ich mag die direkte Verbindung, die ich mit Stift, Bleistift oder Pinsel in der Hand spüre. Außerdem verkaufe ich meine Originalkunst. Das ist ein Teil meines Einkommens, und mit digitaler Technik kann man nur Drucke verkaufen, die weniger wertvoll sind und weniger interessant anzuschauen.

Gibt es Orte auf der Welt, oder eine historische Epoche, die sich deiner Meinung nach am besten durch das Medium Graphic Novel beschreiben lassen?

Es gibt Themen, wie zum Beispiel den Holocaust, die schwer zu begreifen sind, aber ein Buch wie Art Spiegelmans *Maus*, hat gezeigt, dass Comics dieses schwierige Thema einem breiten Publikum zugänglich machen. Die Ent-Anthropomorphisierung der Personen – Juden als Mäuse, Nazis als Katzen – macht die Geschichte universell.

Gibt es Geschichten, die deiner Meinung nach besser in Comics erzählt werden können als in einer anderen künstlerischen Sprache? Und wenn ja, warum?

Es ist eine Kunstform, die es Figuren ermöglicht, gleichzeitig Dinge zu sagen und zu denken, die es

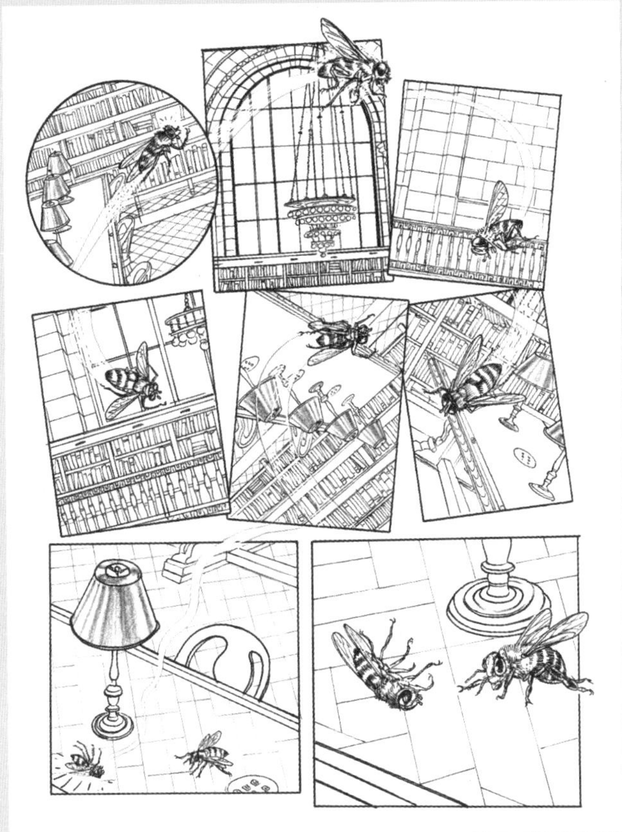

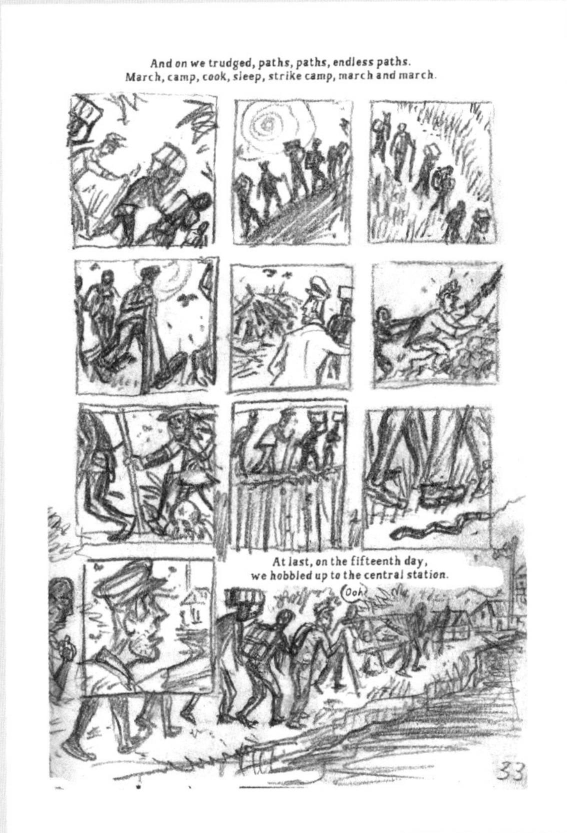

^ Lineart aus *INterSECTS*

^ Skizze aus *Heart Of Darkness*

möglich macht, mit Bildern zu spielen, die ironisch sein und im Kontrast zum Text stehen können, und Worte als visuelle Elemente einzusetzen – und das alles in einem einzigen Panel!

Was liebst du am meisten an Graphic Novels?

Sie können genauso kraftvoll sein wie ein Film oder ein Theaterstück oder ein Buch oder ein Gemälde, alles in einer einzigen Form. Sie können einfach gezeichnet sein und einen komplizierten Text enthalten oder andersherum. Das ist die ganz kurze Antwort! Comics stellen eine einzigartige intime Beziehung zu den Leser·innen her. Sie fordern die Leser·innen auf, Punkte auf jeder Seite zu verknüpfen, sich einzulassen und zu interpretieren. Das Lesen von Comics ist keine passive Erfahrung.

Was liebst du am meisten an deinem Job?

Es fühlt sich nicht wie ein Job an, und ich arbeite normalerweise sieben Tage die Woche.

Wie viele unveröffentlichte Geschichten hast du noch in der „Schublade"?

Mehrere vollständig entwickelte originale Graphic Novels (wenn auch nicht vollständig gezeichnet) und mindestens zwei angefangene Adaptionen (Camus' *Die Pest* und William Goldings *Herr der Fliegen*). Wie ich schon sagte, Scheitern ist normal.

Gibt es eine Story, die du jetzt gerne machen würdest? Kannst du mir davon erzählen?

Ich arbeite seit drei Jahren an einer Graphic Novel namens *INterSECTS*. Es ist die Geschichte der Insekten und der Menschen, die sie erforscht haben. Ich habe noch ein Jahr vor mir, um sie fertigzustellen, während ich gleichzeitig meine andere Arbeit bewältigen muss, aber das ist das Projekt, das ich schon mein ganzes Leben lang verwirklichen wollte.

KAN TAKAHAMA

IST EINE JAPANISCHE MANGAKA, GEBOREN 1977 IN AMAKUSA, JAPAN

Wer waren deine Lehrer·innen?

Das Zeichnen wurde mir als Kind von meinen Eltern beigebracht. Sie waren beide Kunstlehrer. In der Junior High School gehörte ich einem Kunstclub an, wo ich von den Kunstlehrer·innen etwas über Design lernte, und dann ging ich auf eine weiterführende Schule, die ein Kunst-Programm hatte. Ich hatte also mein ganzes Leben lang mit dem Zeichnen zu tun, aber mir ist nie beigebracht worden, wie man Mangas zeichnet. Da ich nicht wusste, wie man Mangas zeichnet, habe ich einfach angefangen, meinen eigenen Stil zu entwickeln.

Was zeichnest du am liebsten?

Als ich anfing, habe ich am liebsten ältere Menschen gezeichnet. Zu dieser Zeit gab es so viele Geschichten über junge Leute, dass ich etwas anderes machen wollte, und mir gefiel es, die Körper und Bewegungen älterer Menschen zu zeichnen. In letzter Zeit habe ich viele Storys gezeichnet, die in der Vergangenheit spielen. Ich ziehe historische Geschichten den zeitgenössischen vor.

Hast du drei Tipps für junge Künstler·innen?

Drei Dinge, die mich die Erfahrung über das Zeichnen von Manga gelehrt hat, sind:
1. Bevor du mit dem Zeichnen beginnst, ist es wichtig, alle Informationen zusammenzutragen. So werden Ungereimtheiten in der Story vermieden und es gibt keine Notwendigkeit, etwas ändern zu müssen, damit die Geschichte Sinn macht.
2. Wenn du dich entscheidest, Mangazeichner·in zu werden, empfehle ich, dir von Anfang an bewusst zu machen, dass du ein·e Mangakünstler·in bleiben wirst, bis du in Rente gehst. So wird dir auf ganz natürliche Art klar, was du zeichnen solltest. Selbst wenn du ungeduldig wirst, weil du siehst, dass deine Zeitgenoss·innen Bestseller veröffentlichen, wirst du ständig weiterlernen, was zu tun ist, und wirst dich nicht vom Weg abbringen lassen.
3. Schreibe deine Stärken und Schwächen auf. Hast du Stärken, die du ausbauen willst, oder Fähigkeiten, die dir noch fehlen? Eine Bestandsaufnahme einmal im Jahr, zum Beispiel in den Weihnachtsferien, um zu klären, welche Fertigkeiten du erlernen willst oder welche Dinge du tun möchtest, ist eine gute Auffrischung.

Wo beginnt für dich der kreative Prozess: auf dem Papier, im Kopf oder an beiden „Orten“ gleichzeitig? Und woher beziehst du deine Inspiration hauptsächlich?

Zuerst kommt das Sammeln des Materials. Sobald ich mich für ein Thema entschieden habe, recherchiere ich – bevor ich die Geschichte oder die Figuren entwerfe – und sammele Fakten und

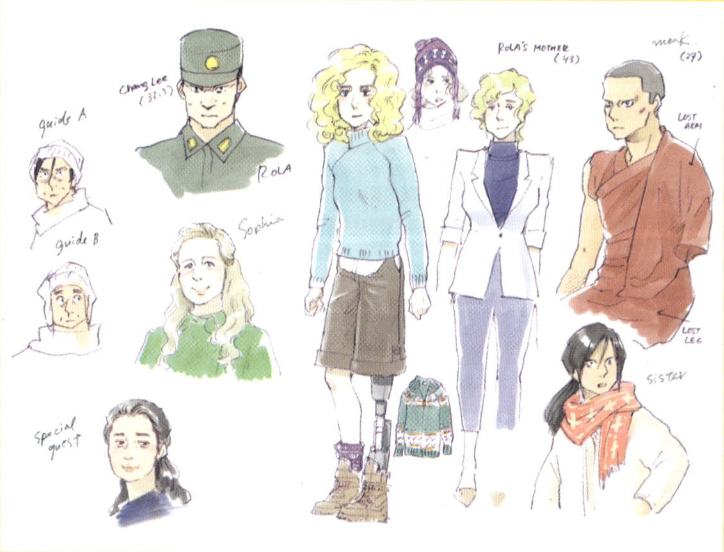

Informationen. Ich lege ein Notizbuch an und zeichne, was ich recherchiert habe. Wenn ich dann mit dem Sammeln des Materials fertig bin, haben sich die Figuren und die Geschichte fast selbst erschaffen. Das war die Methode, die die Drehbuchautor·innen im goldenen Zeitalter des japanischen Films angewandt haben. Ich empfehle jedem, sie auszuprobieren. Sie ist sehr effektiv, besonders wenn es um historische Geschichten oder ein bestimmtes Fachgebiet, wie zum Beispiel das eines Handwerkers, geht. Vielleicht kann es auch auf Romance-Mangas angewandt werden.

Arbeitest du lieber analog oder digital? Und warum?

Ich mag beides, und ich habe beides ausprobiert, aber letztendlich kann ich mich nicht entscheiden. Ich schwanke hin und her zwischen beidem. Aber Tablets entwickeln sich ständig weiter, also könnte ich in Zukunft vielleicht digital arbeiten. Ich denke aber, dass analoges Arbeiten weniger anstrengend für Augen, Rücken und Schultern ist.

Wie kann ein junger Graphic-Novel-Fan Erwachsene, die keine Graphic Novels mögen, dazu bringen, sie zu lesen?

Vielleicht ist es nicht nötig, Erwachsene zu überreden. Die Leute lesen, was sie mögen. In Japan hat sich das Blatt in den letzten Jahrzehnten völlig gewendet: Erwachsene wissen Mangas zu schätzen. Eltern, Verwandte, Lehrer – sie alle lesen jetzt meine Mangas.

Ich glaube, wenn ein·e Autor·in erwachsen, also reifer, wird und seine oder ihre Interessen sich ändern, werden auch seine oder ihre Leser·innen aus den entsprechenden Altersgruppen kommen. Junge Mangakünstler·innen sollten zeichnen, was ihnen gefällt, ohne sich Gedanken darüber zu machen, ob Erwachsene sich damit langweilen. Wenn die junge Generation von heute das schafft, wird sich das Blatt auch in anderen Ländern wenden.

Gibt es Geschichten, die deiner Meinung nach besser in Comics erzählt werden können als in einer anderen künstlerischen Sprache? Und wenn ja, warum?

Darüber habe ich noch nicht wirklich nachgedacht. Aber das Budget für eine Graphic Novel ist nichts im Vergleich zu einem Film, also ist es möglich, mit einem geringen Budget etwas Großartiges zu schaffen. Obwohl natürlich eine Menge Recherche betrieben werden muss.

Was liebst du am meisten an Graphic Novels?

Ich liebe die Tatsache, dass die Figuren, anders als im Film, genau das tun, was man will, ohne dass man unangemessene Forderungen an Schauspieler·innen stellen müsste. Im Vergleich zu Romanen ist das Gute an Graphic Novels, dass man die Figuren sehen kann.

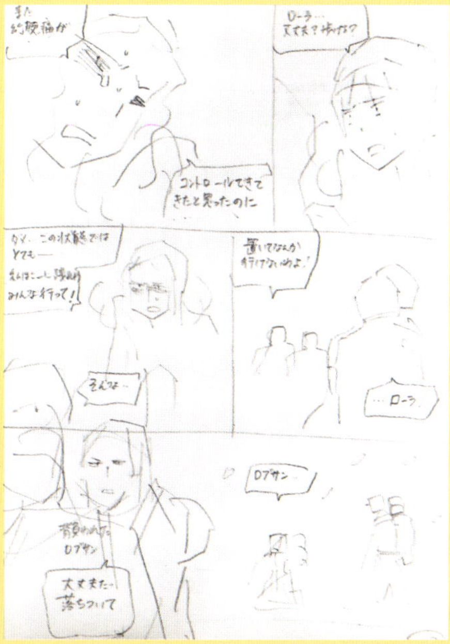

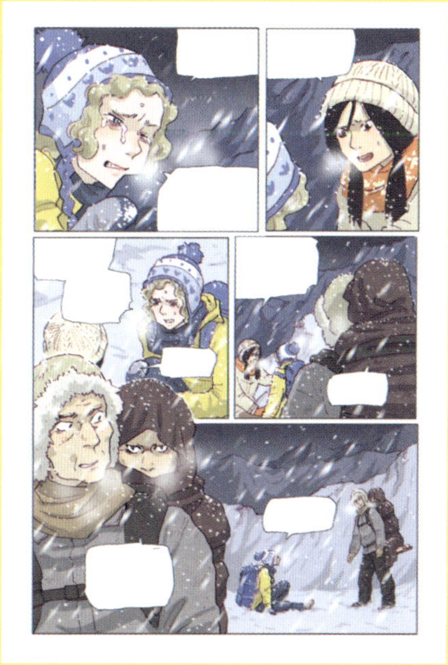

Bilder aus dem Buch *Invincibles*, Massot Editions 2021
< Links: Charakterdesign
> Rechts: Skript
> Ganz rechts: fertige Seite

REGISTER

LESELISTE

Toshio Ban: *The Osamu Tezuka Story: A Life in Manga and Anime*
Alberto Breccia und Juan Sasturain: *Perramus*
Will Eisner: *Ein Vertrag mit Gott und andere Mietshaus-Stories aus New York (A Contract with God)*
Neil Gaiman, Die *Sandman*-Serien
Riyoko Ikeda, *Die Rosen von Versailles (ベルサイユのばら)*
Moebius und Alejandro Jodorowsky: *Der Incal (L'Incal)*
Scott McCloud: *Comics richtig lesen (Understanding Comics)*
Alan Moore und David Lloyd: *V wie Vendetta (V for Vendetta)*
Hugo Pratt: Südseeballade *(The Ballad of the Salty Sea)*
Marjanne Satrapi: *Persepolis*
Art Spiegelman: *Maus – Die Geschichte eines Überlebenden (Maus)*
Jillian und Mariko Tamaki: *Ein Sommer am See (This One Summer)*
Osamu Tezuka: *Astro Boy*